浙江省新型重点专业智库"中国政府监管与公共政策研究院"
浙江省2011协同创新中心"城市公用事业政府监管协同创新中心"
中国工业经济学会产业监管专业委员会
中国城市科学研究会城市公用事业改革与监管专业委员会
中国能源研究会能源监管专业委员会

政府管制评论

REGULATION REVIEW

2021年第2辑

王俊豪 ◎ 主编

中国财经出版传媒集团

经济科学出版社
Economic Science Press

图书在版编目（CIP）数据

政府管制评论．2021 年．第 2 辑／王俊豪主编．——
北京：经济科学出版社，2022.6
ISBN 978 - 7 - 5218 - 3718 - 6

Ⅰ．①政…　Ⅱ．①王…　Ⅲ．①政府管制 - 研究　Ⅳ.
①F20

中国版本图书馆 CIP 数据核字（2022）第 097009 号

责任编辑：凌　敏
责任校对：郑淑艳
责任印制：张佳裕

政府管制评论

2021 年第 2 辑

王俊豪　主编

经济科学出版社出版、发行　新华书店经销

社址：北京市海淀区阜成路甲 28 号　邮编：100142

教材分社电话：010 - 88191343　发行部电话：010 - 88191522

网址：www. esp. com. cn

电子邮箱：lingmin@ esp. com. cn

天猫网店：经济科学出版社旗舰店

网址：http://jjkxcbs. tmall. com

北京季蜂印刷有限公司印装

787 × 1092　16 开　7 印张　140000 字

2022 年 6 月第 1 版　2022 年 6 月第 1 次印刷

ISBN 978 - 7 - 5218 - 3718 - 6　定价：40.00 元

目　录

知识产权监管体系建设
与全要素生产率提升[*]

褚 敏 颜一秀 常 钰[**]

摘 要 在经济发展的新阶段、新理念与新格局背景下，加强知识产权保护能否为中国经济的产业转型升级注入澎湃动力？本文利用 2000~2015 年中国 30 个省份（不包括西藏和港澳台地区）的面板数据建立模型，通过修正的 GP 指数构建知识产权保护指标，实证检验了知识产权保护对全要素生产率增长的影响以及区域的异质性特征，以此来判断中国的知识产权保护水平是否有利于促进经济向高质量发展转型。结果发现：第一，加入 WTO 以来，中国的知识产权保护水平逐年提高；但各个地区知识产权保护的执法力度也存在较大差异，导致各地区知识产权保护水平出现不平衡趋势。第二，知识产权保护水平与全要素生产率的增长呈现正相关关系，加强知识产权保护有利于促进经济增长效率的提高。第三，知识产权保护水平的经济增长效应较为显著，但对各个地区全要素生产率增长的影响存在显著差异。当前，应加快建设知识产权监管的长效机制，提升知识产权保护水平，促进企业自主创新和技术引进，带动地区经济向高质量发展转型。

关键词 知识产权 监管体系 全要素生产率 经济转型

---

* 教育部人文社科规划项目《"经济双循环"视阈下东北地区价值链提升的驱动机制与路径突破研究》（21YJA790011）；辽宁省社会科学规划基金重点项目《促进辽宁省房地产市场稳定健康发展的长效机制研究》（L18AJY003）。

** 褚敏，东北财经大学产业组织与企业组织研究中心副研究员；颜一秀，东北财经大学产业组织与企业组织研究中心硕士研究生；常钰，东北财经大学产业组织与企业组织研究中心硕士研究生。

一、引　言

随着中国经济发展新常态的到来，以"投资拉动"为主导的高速经济增长已接近尾声，增长速度由高速逐渐转向中高速，经济增长红利逐渐减少甚至消失，中国 GDP 增长的区域不均衡和分化现象也愈演愈烈。2016 年我国 31 个省份（不包括港澳台地区）中就有 23 个省份的经济增长速度显著下降，辽宁省甚至已经出现了 GDP 的年均负增长，黑龙江和吉林两省份全年 GDP 的总量增速排名跌入全国尾列，东三省成为全国经济发展相对滞后的地区。增长红利的逐渐消失表明过去的资源型和工业主导型的经济发展模式已不再适用，亟须通过产业的结构调整与转型升级逐渐挖掘和激发新的红利。经济的发展给资源环境施加了更加严格的约束条件，继续拉动经济发展和实现产业转型升级，应致力于创新与技术进步，而对企业知识技术产权权益进行有效保护则认为是鼓励企业创新和大力促进技术创新进步的关键因素。

一些学者从微观层面研究了知识产权保护对企业创新、外资引入的影响效应。于洋和王宇（2021）发现，省际知识产权保护程度的加强有利于上市公司高技术创新数量的增加，特别是增加了发明专利和实用新型专利申请量。余长林和池菊香（2021）结果表明，知识产权保护水平的提升对企业研发投入有显著的激励作用，能显著降低融资约束对企业研发投入的不利影响，尤其对于融资约束程度较高的企业、高新技术企业和民营企业更为有利。代中强、李之旭和高运胜（2021）基于供求视角探究了知识产权保护对企业出口价值链位置的影响发现，在供给侧加强知识产权保护有利于扩大企业产权优势，激励创新，提升企业出口在全球价值链中的上游度；而在需求侧强化知识产权保护会导致企业陷入低端锁定，不利于企业出口在全球价值链中的下游度提升；总体上看，知识产权保护的价值链攀升效应大于低端锁定效应。而且，梁贺和包群（2021）研究发现，地区知识产权保护水平提升 1%，能增加中外合资企业生存时间 0.41%，降低合资关系破裂概率 0.07%，知识产权保护程度越显著，企业及行业研发力度越强。韩剑和许亚云（2021）研究也发现，知识产权保护执法力度越强，越能吸引外资流入，特别是服务业外资和技术密集型外资。然而，也有一些研究发现，知识产权保护与企业出口国内增加值之间具有倒"U"型非线性关系，即随着知识产权保护水平的提升，企业出口国内增加值率表现为先上升后下降的过程（张雨和戴翔，2021），① 知识产权示范城市政策的创新效应也呈现非线性特征，表现为先增强后减弱的倒"U"型过程（徐扬和韦东明，2021）。也就是说，知识产权保护强度与创新之间并非简单的线性关系，应该考虑经济所处的发展阶段。

党的十八大以来，党中央和国务院将创新驱动发展战略和知识产权强国建设提升到国家战略高度，知识产权保护成为中国产业转型升级的重要抓手。2015 年《中国制造 2025》发展规划首次提出"创新驱动，质量为先"，表明了创新发展之于中国科技的重要地位；②《国家创新指数报告 2016 – 2017》显示，2017 年中国的创新指数排名仍位于第二梯队行列，中国想要尽快赶超世界先进工业制造强国就应将大力鼓励科技创新和促进技术进步作为我国当前经济社会发展的重中之重。③ 在创新与技术驱动经济的全球背景下，知识产权保护问题成为不言而喻的重点讨论话题。由于知识产权保护制度在促进技术进步同时可能对知识外溢和市场竞争存在抑制作用，因此，知识产权保护制度是否能促进经济增长效率、推动经济转型这一问题已是学界和社会广泛研究的热点。

由于知识产权保护水平对技术的影响是多方面的，从而知识产权保护对经济增长的作用也不是简单的线性关系。余长林（2010）探索发展中国家知识产权保护对经济增长的作用，认为作用大小与发达国家的技术差距有关，而差值大小却与知识产权保护水平呈负相关。王亚星和周方（2015）利用 37 个国家的面板数据进行实证研究，发现一国的知识产权保护水平越高，技术领先国家的经济增长就越得益于技术进步，而本国的经济增长效应则取决于本国的实际情况。古尔德和格鲁本（Gould & Gruben，1994）对 95 个国家1960 ~ 1988 年的数据进行实证检验，发现知识产权保护对创新和经济增长的影响随着经济开放度和市场竞争程度而增加的结论。汤普森和拉辛（Thompson & Rushing，1996）选取 112 个国家 15 年的数据进行实证研究，同样也得到提高产权保护水平对经济具有增长效应的结论，但是该效应存在一个临界点，只有高于这个临界点，结论才成立。学者们普遍认为，知识产权保护能够为技术创新提供制度保障而引领技术进步，因此成为现如今发展经济的重

---

① 魏如青、张铭心、郑乐凯和施平居（2021）发现，知识产权保护对于高技术产品的生产具有不可忽视的调节作用，表明知识产权保护不仅对一国（地区）出口技术复杂度的提升具有直接促进作用，而且还能强化全球生产分割对出口技术复杂度的效果。

② http：//www.gov.cn/zhengce/content/2015 – 05/19/content_9784.htm.

③ https：//www.askci.com/news/finance/20170821/110331105852.shtml.

要方式。

然而，也有研究结论并不尽然。王军和刘鑫颖（2017）发现，知识产权保护程度对经济增长速度的影响在短期内是负向的，但对长期而言，不断提升知识产权保护程度对经济发展是有利的。董雪兵等（2012）认为，对于正处于转型期的中国来说，短期内较低的知识产权保护强度对经济增长是更为有利的。而张先锋和陈琦（2012）认为，虽然知识产权权益保护服务水平和我国经济增长呈倒"U"型的关系，但中国知识产权保护程度的当期增加并不能对地区经济产生立竿见影的增长效应，因为二者关系的位置还不满足倒"U"型的顶点。池建宇和王树悦（2014）表明，对东部和中部地区来说，知识产权保护水平与地区经济增长有正向推动关系，而西部地区则不存在明显关系，并且产权保护水平对东部经济的增长效应要明显大于中部地区。李雪、吴福象、竺李乐和杨嵩（2021）却认为，知识产权保护有利于提升我国区域创新产出，整体上位于最优知识产权倒"U"型曲线的左侧，知识产权保护的创新促进效应在中西部地区更显著。以往的研究结果显示，中国的产权保护水平对其经济的快速增长拉动效应并不明显，这可能与我国经济传统的不平衡、不相互协调、不可控和不可持续的粗放型增长管理模式有关。事实上，在一些认为能够直接反映知识产权保护水平的主要衡量指标上，例如商标申请件数和每万人注册专利申请量等，中国曾连续多年获得世界第一的名次。2019 年，中国通过 PCT 途径提交约为 5.9 万件国际专利申请件数而成为数量排名世界第一的国家。① 中国知识产权保护已经处在一个新的发展时期。那么，在经济新常态下，加强知识产权保护能否推动中国经济的产业转型就成为当前亟待解决的一个重要课题。

从文献检索中可以发现，现有对加强知识产权保护的研究结论莫衷一是。具体而言，知识产权保护不仅可以强化技术创新的激励，还有助于技术进步，同时能够避免企业重复投资，提高企业效率；但知识产权保护也可能促使垄断的形成，影响竞争的公平性，使社会福利产生损失，没有形成社会福利的最大化状态，从而无法实现整个社会的帕累托最优。因此，对知识产权保护问题的研究应注重与中国经济发展模式相适应，特别是，当前中国正处于经济发展的新阶段、新理念和新格局背景下。基于此，本文运用 2000 ~ 2015 年的中国省级面板数据，实证检验知识产权保护对中国全要素生产率的影响以

---

① 操秀英．质量大幅提升　对经济发展支撑作用明显提高［EB/OL］．央广网，https：//baijiahao. baidu. com/s？ id = 1664739024680941476&wfr = spider&for = pc，2020 – 12 – 16.

及影响程度的地区差异性，借以判断在经济发展的新阶段，加强知识产权保护能否有利于促进中国经济转型，对于设计和完善产权保护的法律制度体系也具有重要意义。

二、中国知识产权保护水平的指标构建、测算与比较

（一）知识产权保护水平的指标构建

研究一国知识产权保护水平与经济增长关系的前提是能够对该国的知识产权保护水平进行准确的测算。但是对知识产权保护水平的直接测算，还需要综合考虑立法、司法和执法等诸多因素，而国内目前尚没有较为权威的测量方法，所以首先对我国知识产权保护水平的评价指数进行构建。吉纳特和帕克（Ginarte & Park，1997）提出了一种能作为衡量一国知识产权保护水平的方法，称为"GP指数"，他们从专利法的五个方面出发，即专利法保护的覆盖范围、加入国际条约情况、对丧失专利权利情况的保护措施、执法管理措施和针对专利保护措施的有效期限，根据该国的实际情况对专利法这五个主要方面分别进行综合打分，加总得到的数值即为GP指数，并且该值位于0~5之间。GP指数法在现有的测算方法中最具代表性，因此其应用范围也最为广泛。在池建宇和王树悦（2014）的研究中，2001~2011年中国知识产权保护水平立法强度就是用GP指数法进行测算的。

根据GP指数测算也有局限性，GP指数中包括立法因素，但不包括执法因素，而在中国的司法体制条件下，立法与执法之间存在差距，因此用该指数方法测算出来的国家或地区知识产权保护水平可能会明显偏离实际值。韩玉雄和李怀祖（2005）学者用GP指数测算的结果显示中国的国家知识产权保护水平已超过了有些发达国家，该结论违背了现实情况。因此，应对GP指数的测算方法进行修正，考虑处于转型期国家的知识产权保护水平的实际情况，在GP指数的基础之上，全面考虑立法因素与执法因素。许春明和单晓光（2008）认为，GP指数的修正应在对执法力度测量时考虑包括知识产权的司法保护能力水平、行政保护能力水平、经济水平、公众产权保护责任意识和国际产权监督水平五个重要决定性因素。借鉴以往的研究和实际情况，本文从以下两个维度对2000~2015年中国的知识产权保护指标进行构建。

1. 立法强度

在韩玉雄和李怀祖（2005），池建宇和王树悦（2014）的研究中，立法强

度 $L(t)$ 均采用 GP 指数来测算，本文也参考他们的测算方法，GP 指数考虑如下五个方面：（1）专利法保护的区域覆盖范围。2000～2015 年中国对药品、化学品、食品、动物和植物品种、医用医疗器械、微生物沉淀物和其他实用新型产品这七项发明专利的申请立法没有发生过改变，用数字 1 或 0 表示中国的知识产权制度是否对这几项专利进行保护。（2）参与国际条约的情况。中国自 1999 年起便一直是《巴黎公约》《专利合作条约》《植物新品种保护公约》这三项公约的指定成员国，同样也用数字 1 或 0 表示中国是否参与国际公约的情况。（3）对专利权丧失的保护。看国家的相关专利法律法规制度是否明确规定了相关专利的计划许可、强制许可和专利撤销等内容，这一方面也用 1 或 0 来表示。我国法律的相关规定中仅涉及了强制许可，并且在 2000～2015 年没有对规定进行任何更改。（4）具体的执法管理措施。我国 2001 年开始实行的《中华人民共和国专利法（第二次修正）》中明确规定了国家要严格实施专利侵权的诉前禁令以及明确专利侵权人的法律举证责任，在指标构建时，这一点在相关法律中是否有相应的规定也用 1 或 0 来表示，由上可得，相比于其他年份，立法强度大小在 2001 年会显著增长。（5）发明专利的合法保护期限。规定用数字 1 来表示专利保护期限大于 20 年的情形，否则用数字 0 来表示，1992 年我国《专利法》进行第一次修订将发明专利的有效保护时间增加至 20 年，因此该项用 1 表示。立法强度数据显示在表 1 中，可以看出，中国知识产权立法强度在 2001 年有明显增长。

表 1　　　　　　　　　2000～2015 年中国知识产权保护立法强度

年份	立法强度 $L(t)$	年份	立法强度 $L(t)$
2000	3.524	2008	4.19
2001	4.19	2009	4.19
2002	4.19	2010	4.19
2003	4.19	2011	4.19
2004	4.19	2012	4.19
2005	4.19	2013	4.19
2006	4.19	2014	4.19
2007	4.19	2015	4.19

2. 执法强度

执法强度 $E(t)$ 反映知识产权保护的实际实行效果，用 1 或 0 表示是否实行了知识产权保护的相关条例。韩玉雄和李怀祖（2005）认为社会法制是否完备、法律体系是否健全、经济水平如何和国际监督是否有效是影响执法强度的四个主要因素。许春明和单晓光（2008）在此基础之上又加入了公众意识这一影响因素。本文也认同公众产权保护意识的重要性，因为缺乏产权意识不仅会导致侵权行为的频繁发生，还会阻碍维权行为的进行，产权保护制度就不能真正发挥作用。因此，用以上五种因素来衡量执法力度这一因素。

（1）司法保护水平。处理知识产权保护纷争首要的选择方式是司法救济。完善的司法体系，高素质的司法人员以及运行良好的法律制度均有助于知识产权保护水平的提升。[①] 该指标一般可以用一国或地区的注册律师人数占总人口的比值来衡量。当这一比值超过万分之五时，司法保护水平可被视为较高，此时该项分值用 1 来表示；当这一比值小于万分之五时，则用实际比例除以万分之五作为该项分值。分值越高对应司法保护水平越高。

（2）行政保护水平。知识产权保护制度的有效落实离不开政府机构办公的高效和廉洁，与公务人员业务能力是否专业也紧密相关。国家法律体系的完备与否能够体现行政能力与效率的高低，法律体系越完备，权责越明晰，产权保护制度就越能够发挥有效的监督作用。而法律体系是否完备又受到立法时间长短的影响，中国立法的起始时间可以从 1954 年新中国颁布第一部《宪法》算起，由于立法时间不满足超过 100 年的条件，该指标的分值用实际时间除以 100 来表示。

（3）经济发展水平。知识产权保护水平与该指标有正向关系，前者的执法力度随后者同向变动。使用人均国内生产总值来衡量该指标，以中等收入国家 2000 美元的人均国内生产总值为分界，当实际人均国内生产总值大于 2000 美元时用 1 表示，小于 2000 美元时，实际人均国内生产总值除以 2000 即得到该项分值。

（4）社会公众意识。公众的产权保护意识既能够影响产权保护制度的效果又能作为产权保护效果的一面镜子，强烈的知识产权意识对知识产权法律的有效实施具有正向激励作用。许春明和单晓光（2008）在研究中用社会公众受教育水平来表示公众产权保护意识，社会公众受教育水平用成人识字率来衡量；而在姚利民和饶艳（2009）的研究中，社会公众的知识产权意识是用人均专利申请量衡量的。本文认为社会公众的产权意识用专利申请数量来

[①] 黎文靖、彭远怀和谭有超（2021）研究发现，知识产权法显著抑制了公司的研发投入和专利申请，且存在时间滞后和动态影响，但设立知识产权法有助于形成长效激励机制。

表示是较为合理的，因为社会公众产权意识的提高首先能够体现在对产权的保护意识上，知识产权保护意识的提高减少了侵权的发生，而专利权又是知识产权组成中的重要部分。结合姚利民和饶艳（2009）的研究，本文在考虑中国的实际情况下，规定当地区每万人拥有的专利申请件数大于 10 时，用数字 1 来表示；小于 10 时，用实际数值除以 10 所得的值作为该项分值。

（5）国际社会监督。WTO 成员的知识产权保护会受国际社会的监督，并且监督力度可以用是否加入 WTO 以及加入的时间这两项指标来反映。为达到 WTO 设定的对成员方知识产权执法管理力度的标准，从 1986 年复关谈判起，中国不断加强知识产权保护力度。因此设定 1986～2005 年该项在数字 0 到 1 之间均匀变化，2006 年之后则用数字 1 来表示。

（二）中国知识产权保护水平的测算

律师数量、人均国内生产总值和专利申请件数均从历年《中国统计年鉴》和各省统计年鉴中查找得到。赋予执法强度的五个影响因素相同的得分权重，计算出五个影响因素得分的算术平均结果即为 $E(t)$。知识产权保护水平的计算公式为 $IPR(t) = L(t) \times E(t)$。表 2 显示了 2000～2015 年中国 30 个省份（不包括西藏和港澳台地区）知识产权保护水平数据，表 3 显示了各省份知识产权保护水平数据。

从表 2 可以看出，当考虑执法强度因素时，中国的知识产权保护没有实现立法预期的水平，这一点贴近中国知识产权保护水平的现状。所以说，在 GP 指数中考虑执法因素是具有现实意义的。表 2 显示中国知识产权保护水平在 2000～2015 年逐年增长，在 2001 年前后的上升幅度最为明显，因为在该年对法律进行了大面积的修订。2001 年之后中国产权保护的执法力度受司法保护水平、行政保护水平以及公众产权保护意识显著提升的影响而增强，使得知识产权保护水平呈现稳步增长的态势。

随着我国经济的飞速发展，区域发展的不平衡问题也愈加凸显，中国经济发展水平和司法环境地区差异同样也带来了知识产权保护水平的地区差异。从表 3 可以看出，相比 21 世纪初，虽然中国的知识产权保护水平在 2015 年有了较大幅度的提升，但各省份的差距却很大，区域不平衡问题依旧严峻。在 2015 年的地区知识产权保护水平得分中，最高分为 3.863，而最低分仅有 2.753。具体地，北京、上海、天津等东部沿海省份知识产权保护水平较高，而河北、山西、内蒙古等内陆省份的知识产权保护水平相对较低。

表2   2000～2015 年中国知识产权保护水平

年份	立法强度 $L(t)$	执法强度 $E(t)$	知识产权保护水平	年份	立法强度 $L(t)$	执法强度 $E(t)$	知识产权保护水平
2000	3.524	0.38	1.35	2008	4.19	0.66	3.00
2001	4.19	0.41	1.72	2009	4.19	0.69	3.14
2002	4.19	0.44	1.86	2010	4.19	0.73	3.33
2003	4.19	0.48	2.17	2011	4.19	0.78	3.53
2004	4.19	0.52	2.37	2012	4.19	0.78	3.55
2005	4.19	0.59	2.65	2013	4.19	0.79	3.59
2006	4.19	0.62	2.83	2014	4.19	0.80	3.62
2007	4.19	0.64	2.88	2015	4.19	0.79	3.60

表3   中国各省份知识产权保护水平

省份	2000 年	2015 年	省份	2000 年	2015 年
北京	2.746	3.863	河南	1.163	3.079
天津	1.984	3.621	湖北	1.242	3.305
河北	1.275	2.906	湖南	1.198	3.143
山西	1.221	2.858	广东	1.704	3.483
内蒙古	1.257	2.827	广西	1.119	3.170
辽宁	1.597	3.363	海南	1.303	2.753
吉林	1.329	2.878	重庆	1.269	3.422
黑龙江	1.357	3.168	四川	1.171	3.342
上海	2.570	3.863	贵州	1.002	2.781
江苏	1.528	3.408	云南	1.150	2.788
浙江	1.711	3.634	陕西	1.171	3.342
安徽	1.133	3.235	甘肃	1.109	2.809
福建	1.520	3.359	青海	1.175	2.771
江西	1.147	3.030	宁夏	1.273	3.198
山东	1.418	3.366	新疆	1.358	2.926

三、研究设计

（一）模型设定

在近年来 GDP 增速逐渐放缓的背景下，考虑如何实现经济向高质量发展转型很具有现实意义。本文对知识产权保护如何影响中国的经济转型进行实证分析，采用全要素生产率（*TFP*）的增长率反映经济转型程度，*TFP* 被定义为投入要素带来的产出增加，但不包括资本和劳动带来的产出增加部分。当 *TFP* 增加时，表示相同的投入要素量转化成了更多的产出，产出效率提高。因此，可用 *TFP* 的增长率反映经济的发展质量。索洛（Solow，1957）表示 *TFP* 可以直接理解为投入要素的产出增长率，但不包括资本要素与劳动要素，它反映的是一种经济增长，而这种经济增长主要是由知识积累、创新与生产专业化的经济规模效应带来的。因此，人力资本与研发支出作为影响 *TFP* 快速增长的两个重要因素，应作为两个控制变量同时加入本文模型当中。另外，参考颜鹏飞和王兵（2004）的研究，设定工业化水平与外资开放度也作为模型的控制变量，设定模型如下：

$$tfpch_{it} = \alpha + \beta_1 ipr_{it} + \beta_2 rdp_{it} + \beta_3 hr_{it} + \beta_4 fdi_{it} + \beta_5 ind_{it} + u_i + \varepsilon_{it} \qquad （1）$$

其中，i 为时间；t 为地区；$tfpch$ 为全要素生产率增长率；ipr 为知识产权保护水平；u_i 为截距项，用来反映地区差异性；ε_{it} 为扰动项，随着时间和地区而变化。为了得出更为准确的结果，在模型中加入人力资本（hr）、研发支出（rdp）、工业化水平（ind）、外资开放度（fdi）作为控制变量。

（二）变量定义与说明

1. 被解释变量

选取 *TFP* 的增长率作为整个模型的被解释变量，将固定资本投入、劳动力投入以及地区生产总值等数据全部输入 DEAP 2.1 软件中，使用 DEA Malmqusit 指数法对各个地区的 *TFP* 增长指数进行测算。DEA-Malmqusit 指数法能够全面衡量地区经济增长质量。

2. 解释变量

选取知识产权保护水平作为模型的核心解释变量。知识产权保护水平（ipr）采用修正的 GP 指数法进行构建，高水平的知识产权保护水平对应高的指标数值。人力资本、研发支出、外资开放度与工业化水平为模型的四个控制变量。人力资本（*hr*）用普通本专科在校学生总数与总人口数的比值来表示；研发支出（*rdp*）用人均科研经费支出表示；外资开放度（*fdi*）用实际使用外商直接投资总额与 GDP 的比值来表示；工业化水平（*ind*）用第二产业增加值与 GDP 的比值来反映。上述数据信息均来源于中国经济信息网统计数据库。

（三）描述性统计与分析

使用 Stata12.0 软件对模型进行实证数据分析，对 2000～2015 年的 30 个省份的省级面板数据进行分析。表 4 显示了主要变量的基本统计特征。

表 4　　　　　　　　　　　　主要变量的统计特征

变量	最小值	最大值	均值	标准差	观察值
ipr	1.2530	3.8632	2.5697	0.6363	450
rdp	0.0011	0.6376	0.0506	0.0848	450
hr	0.0028	0.0356	0.0148	0.0070	450
fdi	0.0007	0.1465	0.0266	0.0225	450
ind	0.1974	0.6642	0.4654	0.0798	450

图 1 显示了全要素生产率增长率与知识产权保护水平之间关系的二维散点图和回归的拟合直线，直观上看，全要素生产率增长率与知识产权保护水平之间存在较为显著的正相关关系，进一步的结论将通过下文的计量分析得出。

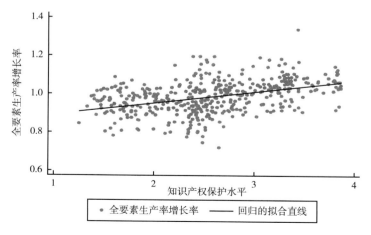

图 1　全要素生产率增长率与知识产权保护水平的散点图

四、计量回归结果与分析

（一）基准回归结果

本文进行面板普通最小二乘回归，结果见表5。OLS给出了混合最小二乘法的估计结果，FE、RE分别显示了固定效应和随机效应的估计结果。与混合最小二乘法相比，面板设定的F检验表明固定效应要更好，Breusch and Pagan LM检验表明随机效应要更好，Hausman检验结果显示接受原假设，随机效应要比固定效应更合适。

综上，在选择随机效应模型的估计结果进行分析。估计结果显示，ipr的系数为正且在$\alpha = 1\%$的水平上显著，该结果与图1的拟合回归直线相吻合。表明从整体而言，加强知识产权保护的确有助于提升全要素生产率的增长，提高知识产权保护水平有利于鼓励创新和先进技术的引入，从内部和外部两种途径加快技术进步的实现，促进生产的专业化和产业结构的转型升级，使相同的要素投入能够实现更多的产出，即提高经济增长效率。[①] 控制变量的结果与预期相符，研发支出（rdp）、外资开放度（fdi）和工业化水平（ind）对全要素生产率增长率也都有正向影响。各回归结果中，变量的估计系数和显著性基本一致，初步说明回归结果是稳健的。

表5 基准回归结果

变量	模型		
	OLS	FE	RE
ipr	0.049 *** (4.37)	0.068 *** (2.88)	0.051 *** (3.81)
rdp	0.120 * (1.72)	0.081 (0.86)	0.112 (1.49)
hr	−0.529 (−0.55)	−3.185 (−1.26)	−0.749 (−0.62)
fdi	0.223 (1.29)	0.332 (0.93)	0.297 (1.46)

[①] 孟猛猛、雷家骕和焦捷（2021）也发现，专利质量有助于经济向高质量发展转型，而知识产权保护水平能够强化专利质量和经济高质量发展之间的正相关关系。

续表

变量	模 型		
	OLS	FE	RE
ind	0.077 (1.47)	0.252 ** (2.55)	0.105 * (1.67)
常数项	0.819 *** (30.39)	0.726 *** (14.77)	0.804 *** (25.29)
R²	0.195	0.109	
面板设定 F 检验		1.89 [0.0040]	
Breusch and Pagan LM 检验			5.39 [0.0101]
Hausman 检验			6.04 [0.3023]
观察值	450	450	450

注：（ ）内为稳健标准差，［ ］内为统计量，***、** 和 * 分别表示 1%、5% 和 10% 的显著性水平。

（二）分区域回归结果

考虑区域的异质性，可能会使知识产权保护对全要素生产率增长率的影响产生差异。本文将数据样本划分为东部地区、中部地区和西部地区，对我国知识产权保护水平如何影响全要素生产率增长率做分区域回归检验，检验结果表明，东部和中部地区适用混合 OLS 回归更合适，西部地区适用固定效应模型更合适。估计结果在表 6 中显示。

表 6 分区域回归结果

变量	东部		中部		西部	
	OLS	RE	OLS	RE	FE	RE
ipr	0.054 *** (3.19)	0.054 *** (3.19)	0.078 *** (4.03)	0.077 *** (3.60)	− 0.006 (− 0.12)	0.021 (0.82)
rdp	0.046 (0.58)	0.046 (0.58)	1.427 (1.64)	1.254 (1.42)	3.100 *** (3.69)	2.497 *** (3.13)
hr	0.055 (0.04)	0.055 (0.04)	− 3.719 (− 1.29)	− 3.003 (− 0.94)	− 5.722 (− 0.90)	− 7.108 ** (− 2.08)

续表

变量	东部		中部		西部	
	OLS	RE	OLS	RE	FE	RE
fdi	0.457** (2.13)	0.457** (2.13)	0.686 (0.80)	0.574 (0.63)	1.256 (1.33)	0.626 (0.76)
ind	−0.006 (−0.09)	−0.006 (−0.09)	−0.477*** (−2.78)	−0.444** (−2.38)	0.206 (1.01)	0.248 (1.41)
常数项	0.828*** (21.58)	0.828*** (21.58)	1.003*** (12.52)	0.986*** (11.56)	0.891*** (9.44)	0.846*** (10.77)
R^2	0.252		0.196		0.190	
面板设定 F 检验	0.85 [0.5869]		1.41 [0.1972]		2.72 [0.0086]	
Hausman 检验		7.20 [0.2060]		4.13 [0.5307]		9.55 [0.0486]
Breusch and Pagan LM 检验		0.00 [1.0000]		0.03 [0.4343]		3.74 [0.0265]
观察值	180	180	135	135	135	135

注：（ ）内为稳健标准差，［ ］内为统计量，***、**和*分别表示1%、5%和10%的显著性水平。

首先，对东部地区的混合 OLS 模型进行分析。知识产权保护水平（ipr）对全要素生产率增长率具有正向作用，且在 1% 水平上显著，说明提高知识产权保护水平有利于提高东部地区全要素生产率的增长，主要原因在于东部地区经济水平和技术水平较高，加强知识产权保护带来的创新增加和技术进步能较快地转化为生产效率的提高，从而有效提升了经济增长效率。研发支出（rdp）、人力资本（hr）和外资开放度（fdi）对东部地区全要素生产率的增长也有正向作用，工业化水平（ind）对全要素生产率的增长影响虽为负，但不显著。

其次，对中部地区的混合 OLS 模型进行分析。知识产权保护水平（ipr）对全要素生产率的增长具有正向作用，且在 1% 水平上显著，说明提高知识产权保护水平有利于提高中部地区的经济增长效率，促进经济转型。与东部地区的估计结果相比，中部地区加强知识产权保护对全要素生产率增长的拉动作用更大，主要原因在于中部地区经济水平和技术水平较低，因此，相比东部地区具有"后发优势"，可以通过加强知识产权保护获得更快的效率增长。

另外，研发支出（rdp）和外资开放度（fdi）对全要素生产率的增长也有正向作用。

最后，对西部地区的固定效应模型进行分析。知识产权保护水平（ipr）对全要素生产率的增长具有负向作用，但影响较小且不显著。原因可能是西部地区与东部和中部相比，经济发展水平和技术水平等各方面都较为落后，对知识产权的运用和管理能力较差。一方面，知识产权保护对技术外溢的阻碍较大，提高了企业的模仿成本；另一方面，创新和技术进步转化为实际生产能力的过程较为缓慢，对生产效率的提升较少，从而对经济增长效率产生了负面的影响。控制变量的估计结果与预期相符，研发支出（rdp）、外资开放度（fdi）和工业化水平（ind）对全要素生产率的增长均具有正向作用。

（三）稳健性检验

1. 基于动态面板的稳健性检验

前一期的 TFP 增长水平会直接影响当期中国经济，所以前一期 TFP 的增长率也应当加入模型的解释变量中。基于静态面板模型内生性问题的分析考虑，本文选择采用动态面板数据模型。表 7 为系统广义矩估计对模型（1）进行重新回归的计算结果。

表 7　　　　　　　　　　　　　　　　稳健性检验

变量	SYS-GMM	FE	SYS-GMM
ipr	0.019 *** （1.83）		
lnpat		0.039 *** （4.20）	0.005 ** （-1.38）
rdp	0.054 （1.26）	-0.118 （-1.06）	0.135 *** （2.92）
hr	0.687 （1.46）	-2.484 （-1.43）	1.334 ** （2.17）
fdi	0.063 （0.50）	0.429 （1.24）	0.211 （1.47）
ind	0.096 ** （2.43）	0.287 *** （2.92）	0.136 *** （3.30）

变量	SYS-GMM	FE	SYS-GMM
L. tfpch	0.418 *** (4.88)		0.418 *** (5.02)
常数项	0.488 *** (6.80)	0.547 *** (7.53)	0.535 *** (6.66)
R²		0.129	
面板设定 F 检验		2.94 [0.0000]	
Hausman 检验		38.30 [0.0000]	
AR(1)	−4.31 [0.000]		−4.35 [0.000]
AR(2)	1.10 [0.273]		1.12 [0.263]
Hansen 检验	14.36 [1.000]		14.75 [1.000]
观察值	420	450	420

注: $L.$ 表示滞后一阶处理;() 内为稳健标准差;[] 内为统计量;*** 、** 和 * 分别表示 1% 、5% 和 10% 的显著性水平。

第 (2) 列是 SYS-GMM 的估计结果。接下来检验模型的设定是否是合理的,先对序列相关性进行检验,二阶自回归检验显示可接受关于"随机扰动项无自相关"的原假设。Hansen 检验结果也不拒绝原假设,所以说工具变量是合理有效的,因此,对模型的设定是恰当的。结果显示,知识产权保护水平(ipr)的估计系数仍然为正,且在 1% 水平上显著,这与基准模型的回归结果是一致的,即加强知识产权保护有利于提高全要素生产率的增长,加快经济的转型。控制变量的结果与预期相符。研发支出(rdp)、人力资本(hr)、外资开放度(fdi)和工业化水平(ind)对全要素生产率的增长都有正向作用,都有利于经济增长效率的提高。

2. 替换核心解释变量

为了使本文的结果更加可靠,下一步通过用专利申请件数的对数替代计算知识产权保护指数时使用的修正的 GP 指数法来衡量知识产权保护水平,以完成对模型（1）的稳健性检验。再分别运用 FE 和 SYS-GMM 进行估计，结果如表7所示。对比之前的估计结果，知识产权保护水平（*ipr*）对全要素生产率增长的作用以及显著性没有发生明显改变，进一步说明加强知识产权保护有利于提升我国的经济增长效率。[①] 控制变量的实际估计结果也基本一致，估计结果的稳健性得到了充分证实。

五、结论与政策建议

本文利用2000～2015年中国30个省份的省级面板数据建立模型，通过修正的 GP 指数构建知识产权保护指标，实证检验了知识产权保护对全要素生产率增长的影响以及区域的异质性特征，以此来判断中国目前的知识产权保护水平是否有利于促进经济增长效率的提高，加快经济向高质量发展转型。结果发现：第一，加入 WTO 以来，中国的知识产权保护水平逐年提高，但执法能力的不足导致知识产权保护效果与立法预期差距较大，并且各个地区知识产权保护的执法力度也存在较大差异，以至于各地区知识产权保护程度出现不平衡；第二，知识产权保护水平与全要素生产率的增长呈现正相关关系，加强知识产权保护有利于促进经济增长效率的提高；第三，知识产权保护水平的经济增长效应较为显著，但对东、中、西部等三个区域全要素生产率增长的影响存在显著差异。加强知识产权保护有助于提高东部和中部地区的全要素生产率增长。对于东部和中部地区，提升知识产权保护水平能促进自主创新和技术引进，加快产业转型升级，有利于带动区域经济向高质量发展转型。因此，提出以下可供参考的政策建议：

首先，应尽快建立起相对完善的知识产权保护法律规章制度。当前中国的知识产权保护法律体系存在着制度风险，因为有些法律是为了与国际接轨而设立的，虽然结果是其立法强度与发达国家较为接近，但这可能与中国的实际不相符，从而不利于本国的技术创新和市场竞争。因此在建立健全相关知识产权保护制度时，应十分注重与中国的实际情况相辅相成，推动中国的知识产权权益保护法律体系愈加完善。

其次，要提高知识产权保护执法强度。由实证分析的结论可知，知识产权保护产生的实际效果低于立法预期值是缺乏执法力度所导致的，因此，提

[①]　杨丽君（2020）表明，增加知识产权交易规模、在知识产权交易强度较低的情况下引进技术与自主研发，都有利于加快中国的经济增长；严重的专利侵权不利于经济的增长。

升知识产权保护水平关键是要强化执法力度水平。政府应发挥树立社会公众知识产权意识的重要作用，增强相关专业人员的培养力度，畅通产权保护的维权渠道，优化产权保护服务体系，完善知识产权界定机制，加强知识产权保护的宣传，具体形式可以采用播放公益影片、组织公开讲座以及发行图书和产权保护手册等。

最后，知识产权战略要适应地区发展。知识产权保护的经济增长效应具有显著的区域异质性特征。在中国东部和中部地区，知识产权保护水平对经济增长都是正向作用，因此应通过包括立法、司法和执法等各个方面的方式，充分挖掘知识产权保护的优势效应，同时实施知识产权战略以鼓励自主创新，提高技术成果的转化效率，积极引入国外先进技术，加快地区的经济增长。对于西部地区，实施的知识产权战略应与地区的经济和技术水平相适应。在短期内对企业进行有效的政策引导和一定的资金提供，充分利用知识产权的外溢效应实现降低企业成本的目的。而长期来看，仍要更加注重知识产权权益保护水平的不断提升，通过政策保护鼓励企业创新，改变传统的企业通过模仿来实现技术进步的发展模式，从而推动我国企业的科学技术进步和经济社会增长的高质量转型。

参考文献

[1] 池建宇，王树悦. 知识产权保护能促进经济增长吗？——基于中国省级面板数据的实证分析 [J]. 产经评论，2014，5（4）：105 – 116.

[2] 代中强，李之旭，高运胜. 知识产权保护与企业全球价值链位置——基于中间产品供需的视角 [J]. 国际贸易问题，2021（5）：96 – 108.

[3] 董雪兵，朱慧，康继军，宋顺锋. 转型期知识产权保护制度的增长效应研究 [J]. 经济研究，2012，47（8）：4 – 17.

[4] 韩剑，许亚云. 知识产权保护与利用外资 [J]. 经济管理，2021，43（4）：5 – 20.

[5] 韩玉雄，李怀祖. 关于中国知识产权保护水平的定量分析 [J]. 科学学研究，2005（3）：377 – 382.

[6] 黎文靖，彭远怀，谭有超. 知识产权司法保护与企业创新——兼论中国企业创新结构的变迁 [J]. 经济研究，2021，56（5）：144 – 161.

[7] 李雪，吴福象，竺李乐，杨嵩. 互联网化、知识产权保护与区域创新产出 [J]. 科技进步与对策，2021，38（18）：46 – 55.

[8] 梁贺，包群. 知识产权保护与合资关系的持久性——基于中外合资企业的经验研究 [J]. 世界经济文汇，2021（3）：16 – 37.

［9］孟猛猛，雷家骕，焦捷．专利质量、知识产权保护与经济高质量发展［J］．科研管理，2021，42（1）：135 – 145.

［10］王军，刘鑫颖．知识产权保护与中国经济增长相关性的实证研究［J］．经济与管理研究，2017，38（9）：15 – 25.

［11］王亚星，周方．开放经济体中知识产权与经济增长关系的实证分析［J］．重庆大学学报（社会科学版），2015，21（1）：61 – 68.

［12］魏如青，张铭心，郑乐凯，施平居．生产分割、知识产权保护与出口技术复杂度——基于生产阶段分割的研究视角［J］．统计研究，2021，38（4）：103 – 115.

［13］徐扬，韦东明．城市知识产权战略与企业创新——来自国家知识产权示范城市的准自然实验［J］．产业经济研究，2021（4）：99 – 114.

［14］许春明，单晓光．中国知识产权保护强度指标体系的构建及验证［J］．科学学研究，2008（4）：715 – 723.

［15］颜鹏飞，王兵．技术效率、技术进步与生产率增长：基于 DEA 的实证分析［J］．经济研究，2004（12）：55 – 65.

［16］杨丽君．技术引进与自主研发对经济增长的影响——基于知识产权保护视角［J］．科研管理，2020，41（6）：9 – 16.

［17］姚利民，饶艳．中国知识产权保护的水平测量和地区差异［J］．国际贸易问题，2009（1）：114 – 120.

［18］于洋，王宇．知识产权保护与企业创新活动——基于 A 股上市公司创新"量"和"质"的研究［J］．软科学，2021，35（9）：47 – 52，67.

［19］余长林，池菊香．知识产权保护、融资约束与中国企业研发投入［J］．吉林大学社会科学学报，2021，61（3）：142 – 153，237.

［20］余长林．知识产权保护与发展中国家的经济增长［D］．厦门大学，2010.

［21］张先锋，陈琦．知识产权保护的双重效应与区域经济增长［J］．中国科技论坛，2012（9）：105 – 111.

［22］张雨，戴翔．加强知识产权保护能够提升企业出口国内增加值吗？［J］．当代经济科学，2021，43（2）：97 – 108.

［23］Ginarte J. C. , Park W. G. Determinants of patent rights：A cross – national study［J］. Research Policy，1997，26（3）：283 – 301.

［24］Gould D. , Gruben W. The role of intellectual property rights in economic growth［R］. Federal Reserve Bank of Dallas，1994.

［25］Solow R. M. Technical change and the aggregate production function［J］. Review of Economics and Statistics，1957，39（3）：312 – 320.

［26］Thompson M. A. , Rushing F. W. An empirical analysis of the impact of patent protection on economic growth［J］. Journal of Economic Development，1996，21（2）：61 – 79.

产业组织演化过程中食品
安全分类监管思路[*]

周小梅　郭金鑫^{**}

摘　要　食品安全信息的信用品属性和共享性是政府监管食品安全的理由，但食品安全监管是市场机制的补充而非替代。作为政府监管对象，食品生产、加工、销售和处理等产业组织从低级向高级演化，此过程食品产业集中度不断提高，且互联网让食品电商零售平台成为新业态。食品产业演化结果让企业控制食品安全的能力得到提升。为改善食品安全监管效果和提高监管效率，政府监管应顺应食品产业组织演化规律，对食品安全采取分类监管的措施。

关键词　食品安全　产业组织　演化　分类监管

现代社会，食品生产、加工、销售和处理等均融入高度复杂的分工中，包括数量繁多的环节和生产经营者。在"农田到餐桌"食品链上，从土壤、水源、种植、养殖、采集、加工、包装、储存、运输、销售直至消费各环节中，任何环节存在安全隐患都会危及食品安全。食品产业是食品安全监管的基础，而有效食品安全监管是产业有序发展的保障。发达国家经验表明，食品产业发展与食品安全监管体系构建互为支撑。食品产业是国民经济支柱产业，截至 2017 年 11 月底，全国共有食品生产许可证 15.9 万张，食品添加剂生产许可证 3695 张；共有食品生产企业 14.9 万家，食品添加剂生产企业 3685 家。^① 然而，现阶段中国食品产业结构以低集中度为主要特征，食品企业诚信守法意识不强，产业素质系统性薄弱。中国食品产业经历了从低级向高级演化过程。食品产业演化过程中，一方面，随着产业集中度的提升，大

---

*　国家社科基金重大项目"中国特色政府监管理论体系与应用研究"（18ZDA111）。

**　周小梅，浙江工商大学经济学院教授；郭金鑫，浙江工商大学经济学院硕士研究生。

①　食品药品监管总局. 2017 年度食品药品监管统计年报［EB/OL］. 原国家食品药品监督管理总局网站，https：//www. nmpa. gov. cn/zwgk/tjxx/tjnb/20180402152301596. html，2018 - 04 - 02.

型企业控制食品安全的激励不断增强，并向食品链上游传导，激励不同环节食品生产经营者加强安全控制；另一方面，食品业态演变（如零售电商平台）缩短了供应链，零售商采取产地直采或建立生产基地，通过纵向契约控制食品安全的能力也在增强。食品产业集中度的提升有助于提高食品安全监管效率。鉴于此，本文在分析食品安全监管内在逻辑的基础上，探讨不同生产环节的食品产业演化规律，提出食品安全分类监管思路。

一、食品安全监管的内在逻辑

尼尔逊（Nelson，1970）根据信息不完备程度，把产品信息属性分为三类：一是搜寻品。搜寻品是消费者在购买前就能掌握的食品安全信息（如食品气味等）。显然，此类信息较易获得，而具有此类安全信息属性的食品为搜寻品。在搜寻品信息属性的食品安全市场中，市场一般能够发挥作用。政府仅需对食品广告等实施监管，以防止企业欺骗行为。二是经验品。经验品是消费者在食用后才能掌握的食品安全信息（如食品食用后导致食源性疾病）。而具有此类安全信息属性的食品为经验品。在经验品信息属性的食品安全市场，购买前消费者无从了解信息，但购买后消费者能掌握食品的安全性，消费者可通过重复购买了解食品安全有关信息。在此过程中，市场声誉起重要作用。企业可建立和维护品牌声誉，声誉激励机制下，消费者逐渐了解食品安全性，企业可对安全性更高的食品定更高价格。由此可见，尽管消费者不能在购买前拥有食品安全相关信息，但其与拥有完全信息的市场有同样结果。企业可为高安全性食品确立声誉，且制定相应高价以弥补生产食品的成本。许多食品市场满足允许企业确立安全声誉的条件。国内消费的食品基本可进行重复购买，且通过口传、报纸和信息公开等途径都可以低成本获取食品安全信息。另外，餐饮连锁模式的兴起让消费者在不同地方都可从同一家企业购买食品，为借助声誉机制控制食品安全提供了条件。三是信用品。信用品是消费者在购买前或购买食用后都很难了解的关于食品安全的部分信息（如食品中的菌类总数和农兽药残留指标等）。这是因为，受专业能力和食品检测成本制约，消费者在食用这类食品后，也无法判断此类信息，只能借助专业服务获取相应信息，而具有此类安全信息属性的食品为信用品。如果食品包括化学成分、有毒化学物的污染或微生物时，则在购买前或购买食用后消费者通常都不能掌握相关食品安全信息。诚然，化学污染对消费者健康产生的急性危害可与食品原料联系起来，但很难了解对消费者健康产生的慢性影响。

这是因为，要经过多年甚至几十年才会发现食品安全性与慢性疾病间的关系。此外，人们还无法完全了解一些慢性疾病产生的原因。这种情况下，消费者很难把特定物质与相关疾病联系起来。

在食品安全市场中，企业提高食品的安全性需要增加检测成本或信息成本，此成本是需要消费者愿意支付较高价格来弥补的（赵翠萍等，2012）。就食品安全信息属性而言，消费者对搜寻品和经验品属性的需求会对食品安全变化做出反应，但对信用品的需求却难以做出相应反应。面对安全信息属于信用品的食品，消费者没有能力鉴别食品安全性高低，则会诱导企业隐藏有安全隐患的信息以获取更高利润。因此，食品安全事件多数由于消费者无法获取具有信用品属性的安全信息所致，因此，通过相应渠道获取具有信用品属性的信息是消费者避免购买不安全食品的前提。

综上分析，食品安全市场中信息不对称，尤其是信用品属性，消费者受专业能力和食品检测成本的制约，缺乏对食品安全性做出正确判断的能力。

客观而论，消费者获取食品安全信息的局限取决于获取信息的费用。即不论是搜寻品、经验品还是信用品，获取信息都需付出一定成本。其中，信用品属性的信息则需通过专业检测获取，其投入成本较高。根据信息的可分享性，把信息划分为共用与私用①信息。谢俊贵（2004）指出，共用信息是指基于信息的共享特点，由政府监管部门在行政过程中产生、收集、整理、传输、发布、使用、储存和清理，并能为全体社会公众共同拥有和利用的信息。而那些不能免费获取使用具有排他性的信息则属于私用信息。对于食品安全信息而言，信息一旦生成，复制信息的边际成本几乎可忽略不计，因而食品安全信息供给具有非竞争性，但最初信息生产成本却较高。单个消费者无法承担诸如安全信息的搜寻与加工处理等成本。也就是说，规模化专业机构承担食品安全信息供给让食品安全信息具有共享性。如果食品安全基本信息供给不足，则会导致低安全性食品过度供给。这是因为，就算在相当严格的责任法规约束下，企业也不可能总是承担完全的食品安全责任。市场很难激励企业把食品安全投资确定在最有效率水平（Viscusi，1989）。鉴于此，对于具有信用品属性的食品安全信息，为避免消费者受到伤害，需要政府实施监管。食品安全政府监管就是通过系列法规制度保证消费者获得更多食品安全信息，从而尽可能降低市场中的交易成本及公众健康面临的风险。如果食

---

① 共用品是指那些在消费上具备非竞争性和非排他性的物品，私用品是指那些在消费上具备竞争性和排他性的物品。

品安全监管改善了消费者对信息价值的评估，或降低了消费者获取信息的成本，或两者兼而有之，则食品安全监管才会让消费者福利得到改善。

在发达国家，为控制食品安全，两种趋势已开始改变食品安全立法及设计和实施监管方式：首先，消费者关注的问题已逐渐从食品供给保障向食品安全、营养以及质量其他特征转变；其次，自20世纪80年代开始，为减少政府财政负担，发达国家政府已开始努力改善监管效果、效率和透明度，以达到提升食品产业效率和国际竞争力的目的。就中国食品安全监管体系而言，也应适应食品产业演化规律以改善食品安全监管效果，提高食品安全监管效率。

二、食品产业组织演化历程

纵观食品链，从种植养殖业到食品加工业，再到食品零售业，在体制改革和技术创新驱动下，中国食品业处于动态演化中。

（一）食用农产品生产组织演化进程

中国农村经过家庭联产承包制改革，"集体所有，家庭经营"制度决定农村以小规模农户为主要的生产经营组织。以家庭为基本生产经营单位的农业组织结构，生产经营主体规模小而分散，受规模限制，农户获利微薄，这显然不利于激励农户提高食品安全水平。另外，面对大量小规模农产品生产经营主体，食品安全监管难免"流于形式"。

针对小农户与食品安全控制的矛盾，近年来，在土地制度约束下中国不断探索促进农产品生产经营规模化的路径。东部沿海经济发达地区先后出现"合作组织＋农户""企业＋农户""企业＋合作组织/大户＋农户"等组织模式。值得关注的是，不断深化的土地流转等农村土地制度改革加快从传统农业向规模化、品牌化现代农业转变。而提高农业产业组织程度不仅有助于食品生产经营者对食用农产品安全水平的控制，而以大规模食品生产经营者为对象的食品安全监管也更具可行性。

（二）食品加工业演化：基于乳制品产业集中度的分析

中国食品加工业处于发展初期阶段。2011年，中国食品生产加工企业大部分是10人以下小企业，规模以上食品生产企业仅3万余家。食品生产加工企业以"小、散、低"为主，小、微型和小作坊式的食品生产加工企业占

90% 以上（10 人以下企业占 79%，规模以下且 10 人以上企业占 15%）。①
2017 年 11 月底，全国共有食品生产企业 14.9 万家，食品添加剂生产企业
3685 家。② 显然，在中国食品加工环节，市场集中度低，中小企业、小作坊
众多。食品加工业市场集中度低的现状，一方面小企业控制食品安全的动力
和能力相对较弱；另一方面对食品安全监管机构提出很大挑战。本文主要以
乳制品产业为例，分析产业演化过程中食品安全监管问题。

　　改革开放以来，中国食品加工业发展迅速。乳制品产业是食品加工业发
展最快的产业之一。在乳制品产业不断发展壮大过程中，乳制品安全事件时
有发生。从 2005 年"皮革奶"事件到 2008 年"三聚氰胺"事件，乳制品安
全问题成为公众关注的焦点。从 1995 年开始，中国乳制品加工业集中度不断
提升。以"三聚氰胺"乳制品事件为界，1995～2007 年，乳制品加工业集中
度 CR_4 从 25.52% 上升至 50.3%，2007 年首次突破 50%。除 1996 年下降外，
总体呈现缓慢上升趋势。2008 年，受"三聚氰胺"乳制品安全事件影响，乳
制品加工业集中度大幅下降。2009 年开启新一轮提高集中度的历程。从发展
趋势看，乳制品产业集中度不断提升，如图 1 所示。根据市场结构划分，
1998 年前乳制品业集中度 CR_4 均小于 30%，属竞争型市场；1998～2001 年，
乳制品加工业集中度 CR_4 在 30%～35% 之间，属寡占 V 型（最低寡占型市场
结构）；自 2002 年开始，集中度在 35%～50% 之间，进入寡占 IV 型；而 2007
年产业集中度达 50.3%，为寡占 III 型。

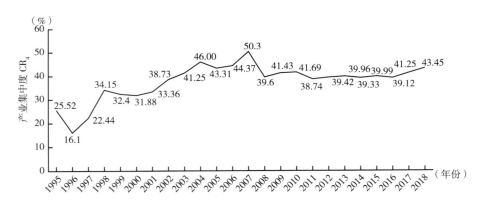

图 1　1995～2018 年中国乳制品产业集中度 CR_4 变化趋势

资料来源：农业部（农业农村部）. 中国奶业年鉴（1996－2018）[M]. 北京：中国农业出版社，2019.

---

① 转引自吴林海，钱和. 中国食品安全发展报告 2012 [M]. 北京：北京大学出版社，2012：63.
② 食品药品监管总局. 2017 年度食品药品监管统计年报 [EB/OL]. 原国家食品药品监督管理总
局网站，https：//www. nmpa. gov. cn/zwgk/tjxx/tjnb/20180402152301596. html，2018－04－02.

分析发现，目前中国乳制品加工业集中度仍偏低。较低的产业集中度很容易导致乳企一方面在零售市场降低乳制品价格，另一方面是争夺原料乳，提高乳企生产成本，获利空间下降制约了乳品安全水平的提升（周小梅和张琦，2016）。诚然，乳制品加工业集中度的提升有助于提高乳制品安全监管效率。

（三）食品零售业态演化：以生鲜农产品为例

1. 伴随改革开放，政府逐步放松生鲜农产品零售业进入监管

1985 年，除少数农产品外，政府基本放开了生鲜农产品经营，生鲜农产品的品种和数量迅速增长，小规模集市贸易已很难满足农产品异地交易需求。此时，生鲜农产品批发市场应运而生。2018 年，农林牧渔批发市场 4841 个。[①] 在生鲜农产品零售业中，以批发市场为核心的农贸市场占主导地位。尽管近年受连锁超市和生鲜电商冲击，但传统农贸市场销售生鲜农产品仍具有菜品新鲜、品种丰富、价格较低及面对面交易等优势。然而，农贸市场存在基础设施落后及安全检测体系不完善等问题。近年来，部分城市对农贸市场进行改造升级。以浙江为例，2014 年，浙江有 225 家农贸市场经过改造成为"放心"市场。2015 年，浙江出台市场认证办法，促进农贸市场的改造升级（张瑞云等，2014）。尽管各地存在差异，但农贸市场经营环境的改善进入实质性落实阶段，并取得一定成效。

2. 连锁超市的发展为农产品零售提供了良好的购物环境

自 1996 年开始，连锁超市（超市 + 大型超市）经营模式陆续进入中国零售市场，且数量和经营规模迅速扩大。与传统生鲜农产品零售贸易市场相比，较严格的安全控制体系为连锁超市经营生鲜农产品提供了条件。2002 年，部分城市推行"农改超"——将农贸市场改造为生鲜超市。由于针对生鲜农产品安全水平，连锁超市可对上游生产端农户提出相关要求，为生鲜农产品安全控制提供了更好保障。2008 年，为控制生鲜农产品安全等，各超市实施"农超对接"，扩大基地直采生鲜农产品比例。以经营生鲜为特色的永辉超市为例，根据 2018 年年报，永辉超市生鲜主要通过产地直采以及与生鲜源头生产商、制造商合作，在 2018 年已建立覆盖果蔬、蛋品品类、水产的 88 个检测站点，年检测 60 万批次；供应商端从寻源、资质和风险等环节进行管控，并通过第三方食安抽检，验证质量安全风控体系。扩张过程中，永辉超市不

---

① 国家统计局. 中国统计年鉴（2019）[M]. 北京：中国统计出版社，2019.

断加强生鲜农产品安全控制。

然而，分析发现，近年在电商零售平台冲击下，连锁超市发展受阻。如表1所示，连锁超市的总店数和零售额都出现增长乏力趋势。

表1   2009～2018年连锁超市门店数量与零售额

年份	总店数（个）	门店总数（个）	零售总额（亿元）
2009	592	35717	5013.0
2010	558	39140	5686.0
2011	540	41096	5992.7
2012	568	42963	7137.8
2013	592	43215	7623.4
2014	592	42683	7629.4
2015	586	41885	8081.0
2016	565	41824	8175.2
2017	559	36036	7935.4
2018	542	32924	8096.4

资料来源：国家统计局. 中国统计年鉴 2010 – 2019 ［M］. 北京：中国统计出版社，2020.

3. "互联网＋"背景下电商成为生鲜农产品零售新业态

2012 年中国零售电商平台进入快速发展轨道，2018 年网上零售额达 9 万亿元。[1] 而在冷链技术支持下，生鲜零售电商平台发展势头不减。2010 年生鲜电商交易 4.2 亿元；2012 年交易规模则达 40.5 亿元。根据易观智库的调查统计，中国生鲜电商平台进入高速发展期，在生鲜电商不断完善产业链的情况下，市场交易规模扩张迅速。2016 年，生鲜电商交易规模扩大到 913.9 亿元，同比增长 68.6%，是 2010 年的 217.6 倍。[2] 值得关注的是，生鲜电商在食品安全信息传递方面有明显优势。生鲜电商有很强的激励控制农产品安全。如 "1 号店" 等知名生鲜电商均建立直采基地，借助建立安全监测体系确保生鲜农产品安全。另外，电商零售平台让生鲜农产品生产者与平台对接，缩短环节，节约成本，有价格竞争优势，为网络交易中食品生产经营企业提供更多利润空间，为其控制食品安全提供了激励（周小梅和卞敏敏，2017）。

---

① 国家统计局. 中国统计年鉴（2019）［M］. 北京：中国统计出版社，2019.
② 易观：中国生鲜电商市场发展趋势预测 2016 – 2019 ［EB/OL］. 易观智库网站，https://www. analysys. cn/article/analysis/detail/1000641.

综上分析，在连锁超市和电商市场份额扩大过程中，中国生鲜农产品零售业集中度不断提升增强了零售企业对食品链上游的纵向控制能力。而食品链上游也不断涌现大量农民专业合作社及大中型农业生产经营企业。这两种趋势在加强生鲜农产品产业链的纵向契约约束方面起到重要作用。在此背景下，生鲜农产品安全则可得到有效控制。

三、产业组织演化与食品安全分类监管

分析中国食品产业演化规律发现，从种植养殖业到食品加工业，再到食品零售业均出现集中度逐步提高趋势。在此过程中，食品企业对食品安全控制的能力在不断增强，鉴于此，政府应根据产业演化规律，有针对性地实施食品安全分类监管。食品安全分类监管是指监管部门实施监管过程中，以市场主体诚信记录及相关食品产业规范程度为依据，衡量企业控制食品安全的激励和能力，采取对食品企业实施分类监管的政策（杨慧，2005）。分类监管有利于改善食品安全监管效果和提高监管效率。

（一）食用农产品生产组织演化与食品安全监管

中国食用农产品生产经营在向规模化、组织化演进。为落实食品安全监管政策，提高农业生产经营组织化程度是食品安全控制的关键。然而，目前中国食用农产品的生产经营组织总体上表现出分散、规模小的特点，尤其是部分地区（主要是南方）限于山多地少、类多量少的自然条件，农业处于由分散、小规模农户主导的格局，导致农产品生产经营者缺乏控制食品安全的动力和能力。这种情况下，政府则可通过建立区域品牌激励分散的农户生产经营优质安全的农产品。诚然，在区域品牌建立过程中，需要有效的政府监管作为重要的制度保障。例如，浙江省丽水市拥有较丰富的自然资源，但在山多地少局限下，丽水农业处于以分散、小规模农户为主的格局。2014年，丽水市政府成功打造"丽水山耕"这一区域共用品牌。而区域品牌的维护取决于食用农产品安全的控制。鉴于此，政府把食用农产品安全的事后追溯改为事前追溯。溯源系统增加了食品生产经营成本，但引入溯源系统可增加消费者对优质安全农产品的信任，溯源系统提高的成本可通过食用农产品"溢价"销售得到补偿（周小梅和范鸿飞，2017）。共用品牌下的共同利益为农业向高质量发展提供了基础。浙江省丽水市政府围绕打造区域品牌对食品安全实施监管的经验值得其他地区借鉴。

面对中国目前食用农产品生产经营组织化程度低的现状，食品安全监管机构应根据不同效率以及不同生产经营方式的生产经营者实施分类监管，有针对性地加强食品安全风险高的环节监管。

（二）食品加工业演化与食品安全监管

食品加工业演变过程必然伴随集中度的提升，这不仅激励食品加工企业控制食品安全，且有助于提高食品安全监管效率。鉴于此，政府应打破地方行政垄断壁垒，鼓励企业间兼并重组，引导食品加工企业做大做强。另外，受政府财政预算约束，与中国现阶段食品加工业分散格局相对应的是，目前食品安全监管机构的人力资源呈"倒三角形"分布，即越到基层，人、财、物配置越少。食品安全监管机构也是"心有余而力不足"。随着食品加工业集中度的提高，食品安全监管机构资源配置与产业格局相互匹配。

（三）零售业态演化与食品安全监管

本文以生鲜农产品为主，分析零售业态演化与食品安全监管。

1. 农贸市场中生鲜农产品安全监管

由于农贸市场中经营者规模小、数量多，农贸市场监管需大量人力、财力，存在监管缺位现象。农贸市场政府履行监管难度大导致安全事件时有发生。政府监管机构可通过限制农药生产企业生产剧毒农药以减少源头污染，加大农贸市场基础设施投入，提高安全检测水平，在一定程度上起到控制安全的作用。2019年初，浙江启动实施农药购买实名制、化肥使用定额制，以带动种植业领域绿色高质量发展。目前浙江7000多家农药店门店全部实现实名制购买。[①] 食品安全监管机构对农户购买农药的行为进行控制不仅效果好且效率也高。

2. 连锁超市中生鲜农产品安全监管

由于连锁超市经营规模大，在声誉机制激励下，建立安全检测体系，且采取纵向协作方式保障生鲜农产品货源，增强零售端对生鲜农产品安全控制能力。基于连锁超市对食品安全的控制，政府监管机构无须面对大量分散的生鲜农产品生产经营者，只需落实连锁超市对食品安全控制的责任，这可在很大程度上改善食品安全监管效果，提高监管效率。

---

① 浙江深化"农药购买实名制、化肥使用定额制"发展绿色农业［EB/OL］. http://www.gov. cn/xinwen/2019 – 11/11/content_5450918. htm.

3. 电商平台上生鲜农产品安全监管

目前大型生鲜电商基本采用全产业链经营模式，在生鲜电商平台上，消费者可在网上搜索了解生鲜农产品安全、价格、商家信誉和物流等信息。与实体市场交易相比，尽管生鲜电商平台交易存在信息虚拟性问题，但生鲜电商平台具备作为信息传播载体的功能，其信息量大、传播广、速度快和互动性强等，很大程度上降低了消费者获取信息的成本。电商平台不仅为信息传播提供技术支撑，更重要的是提高了食品零售业集中度，较高的组织性让其有动力且有能力维护平台声誉。电商平台建立进入资质审核、信用评价体系及第三方支付等对卖家信誉的约束制度，把平台上卖家的信用"捆绑"起来，在确保卖家信誉的基础上，维护电商平台信誉。电商对信誉的维护对在平台上交易食品的安全起到很好的控制作用。尽管电商为网购环境下的食品安全增加一道防线，但作为食品安全监管机构仍需对电商平台实施必要监管。政府除了对电商平台上的食品实施常规抽检制度外，主要是对食品链末端电商的监管和问责。政府应利用网络平台记录信息数据的功能，整合、发布食品安全及平台信誉信息，让食品安全信息的信用品属性转为搜寻品，降低消费者网购过程中信息获取成本，有效引导食品卖家生产经营安全有保障的食品。面对电商平台食品交易新模式，食品安全监管面临新挑战，从监管法规完善、监管机构设置到监管手段和方法改善等都需适时调整。

综上，目前中国食品业链上不同生产经营环节集中度在不断提升，在此过程中，食品生产经营企业控制食品安全的激励和能力也在提高。鉴于此，政府应根据食品产业组织演化规律，针对不同食品生产经营环节以及不同阶段适时调整食品安全监管措施。

四、结束语

食品安全水平由食品安全市场中的供求双方决定，而食品安全问题实质上是食品安全信息的披露和传播问题。食品产业组织演化过程中，产业集中度不断提升，且互联网让食品电商零售平台成为新业态。食品产业演化结果让企业控制食品安全的能力和激励得到提升。因此，完善食品安全政府监管体系必须充分尊重食品产业发展规律，以及食品企业作为市场主体的自主权。食品安全政府监管是市场机制的补充而非替代，有效的食品安全监管体系应该让激励和约束集中于食品生产经营者行为上。诚然，强调市场机制并非否定监管的作用，而是避免传统监管体系的弊端。

参考文献

［1］ 谢俊贵. 公共信息学 ［M］. 长沙：湖南师范大学出版社，2004.

［2］ 杨慧. 市场监管模式从运动化向常态化转型的路径思考 ［J］. 工商行政管理，2005（24）：41 – 42.

［3］ 张瑞云，周燕，蒋雪凤. 杭州市江干区农贸市场 209 份蔬菜中 12 种有机磷农药残留监测结果分析 ［J］. 中国卫生检疫，2014（9）：1325 – 1327.

［4］ 赵翠萍，李永涛，陈紫帅. 食品安全治理中的相关者责任：政府、企业和消费者维度的分析 ［J］. 经济问题，2012（6）：63 – 66.

［5］ 周小梅，卞敏敏. 零售业态演变过程中生鲜农产品质量安全控制：市场机制与政府管制 ［J］. 消费经济，2017（6）：41 – 47.

［6］ 周小梅，范鸿飞. 区域声誉可激励农产品质量安全水平提升吗？［J］. 农业经济问题，2017（4）：85 – 92，112.

［7］ 周小梅，张琦. 产业集中度对食品质量安全的影响——以乳制品为考察对象 ［J］. 中共浙江省委党校学报，2016（5）：114 – 122.

［8］ Nelson P. Information and consumer behavior ［J］. Journal of Political Economy，1970，78（2）：311 – 329.

［9］ Viscusi W. K. Toward a diminished role for tort liability：Social insurance，government regulation and contemporary risks to health and safety ［J］. Yale Journal on Regulation，1989，6（1）：65 – 107.

科技向善、组织合法性与文化企业商业模式创新

——基于文化规制环境的调节效应[*]

高长春　余晨辉　张宇力[**]

摘　要　本文以科技向善为切入点，组织合法性为中介变量，文化规制环境为调节变量，构建了商业模式创新的理论模型。通过对 314 家文化企业的问卷调查，实证研究发现：（1）科技向善对文化企业商业模式创新具有正向影响；（2）组织合法性在科技向善和商业模式创新之间起中介效应；（3）文化规制环境调节了科技向善与商业模式创新之间的关系，该调节效应被组织合法性所终结。研究目的为科技向善的管理效应做出了新的理论解释，为文化企业减少商业模式创新的内外阻力，推动变革进程提供了管理方案。

关键词　科技向善　组织合法性　文化企业　文化规制环境商业模式创新

一、问题提出

据 2020 年国家统计局最新数据显示，2019 年中国文化产业增加值为 44363 亿元，占 GDP 比重为 4.5%，增速为 7.8%，高于其他产业平均增长速度，为国民经济稳定高效发展做出了重大贡献。然而，在文化产业繁荣增长的背后，其发展态势也蕴藏着潜在危机。随着数字技术的深入应用，多数文化企业开始推进商业模式创新，踏足新的业态来保持企业竞争优势，但也引

* 国家自然科学基金项目（71874027）；上海市科技创新重大项目（2017 – 01 – 07 – 00 – 03 – E00044）；上海市哲学社会科学规划项目（2021JGO15—ECK117）。

** 高长春，东华大学旭日工商管理学院教授，"创意经济与创新服务"智库研究基地主任；余晨辉，东华大学旭日工商管理学院博士研究生；张宇力，浙江财经大学中国政府管制研究院硕士研究生。

发了一系列文化乱象（范周，2019）。2021 年 8 月 31 日，文化和旅游部、中央宣传部、国家发展改革委、财政部、人力资源社会保障部、市场监管总局、国家文物局、国家知识产权局 8 部门联合印发《关于进一步推动文化文物单位文化创意产品开发的若干措施》（以下简称《措施》），强调要把社会效益放在首位、实现社会效益和经济效益相统一，避免过度商业化、娱乐化，提出要把文化创意产品打造成为广大人民群众感悟中华文化、增强文化自信的重要载体。《措施》是 21 世纪以来在文化产业领域受到最多中央政府部门背书的政策文件。在文化产业中，技术引致的商业模式创新与政府的事后监管之间始终存在张力，企业自身应当主动承担社会责任，将科技应用与社会关怀结合起来以弥补社会治理的监管缺口。

2018 年 1 月 20 日，中国商界正式启动科技向善项目。科技向善是一个多方共建的研究、对话与行动平台。这一计划希望针对大众所面对的技术演进带来的重大问题，邀请政府、企业界、学术界、大众与媒体一起，对新技术带来的一切变化保持觉察，让社会各方真正意识到科技给社会带来的诸多问题，寻求最大范围内的共识与解决方案，并引导技术和产品放大人性之善，实现良性发展，用科技来缓解数字化社会的阵痛。科技向善的宏大叙事从企业自觉性与能动性出发，为文化产业提高社会效益提供了新的路径。

在公共话语转向企业技术伦理的背景下，科技向善的研发政策能否实现企业在经济利益与社会责任之间取得平衡，从而实现社会和谐？为回答这一问题，以文化企业为研究对象，重新讨论了科技向善的理论维度与探究科技向善对商业模式创新的作用机制。本文以科技向善为切入点，组织合法性为中介变量，文化规制环境为调节变量，构建了文化企业商业模式创新的解释模型，并以 314 家企业为样本进行实证检验。研究为文化企业平衡物质利益与公共责任提供了新的管理理念与实践方法，有助于文化企业寻求经济价值与社会价值的最大公约数。

二、文献回顾

（一）科技向善

诸如技术伦理哲学、负责任创新、颠覆性技术异化学说等科技向善的理论基础相对完备，但是与科技向善直接相关的研究相对匮乏。以 CSSCI 为检索范围，仅有三篇文献以科技向善为主题，研究了企业科技向善与战略竞争优势之间的关系。李欣融、毛义君和雷家骕（2021）评述了科技向善的研究进展，认为科技向善应包括三个基本要素：解决社会问题、利用负责任的治理方式以及创造商业价值和社会价值。他们系统性地归纳了科技向善的前因后果，认为科技向善能够提高企业战略绩效与财务绩效。孟猛猛和雷家骕（2021）认为科技向善应该包括道德属性、应用目的、服务对象以及价值创造四个理论维度。科技向善通过与社会发展问题融合互动，对内改造企业资源与能力，对外实现差异化战略，最终形成竞争优势。杨森和雷家骕（2021）认为科技向善应该包括理念维度、行为维度、内容维度以及制度维度四个成分，初步编制了科技向善的测量量表，并指出科技向善能够实现财务绩效与社会绩效的协同增长。回顾上述文献可以看出，已有研究对科技向善的理论维度仍然没有达成共识，所编制的测量工具包含了选择题和问答题，与成熟量表的测量方式相差甚远。正如哈雷和弗莱明（Harley & Fleming，2021）在管理学顶级期刊所批评的那样，气候变化、不平等以及性别歧视等道德关联的社会问题仍然缺乏深入研究，科技向善的理论研究与实证分析都有待于进一步挖掘。

（二）文化产业技术道德的研究争议

从 20 世纪中叶以来，不同的文化研究学派围绕文化产业的技术非中性问题展开了探讨。法兰克福学派基于文化精英视角，把提供大众文化产品的行业称为文化工业，并认为大规模复制性技术使得文化产品与工业产品一样具有规模化生产的性质，稀释了蕴含于文化产品中的艺术价值。霍克海默和阿道尔诺（Max & Theodor，2006）在《启蒙辩证法：哲学片段》这一著作中指出，文化精英向大众群体传播低品位、可复制的文化产品，意在实现愚弄大众、垄断文化权力的目的，对文化工业中的现代性技术需要保持警惕。本雅明（Benjaming，2002）认为艺术品独一无二的历史价值源于它所蕴含的美学光韵，机械复制技术会侵蚀艺术品的光韵，削弱其神圣性。英国伯明翰学派不再认为艺术品应该局限于高雅艺术，强调文化是普通人的文化。斯图亚特·霍尔（Stuart Hall，2021）提出了"文化主义"一词，强调文化的"日常生活性"，他一方面认为科技运用与文化产品的品味本身是相互独立的，另一方面担忧技术所形成的沉浸式体验会导致过度的享乐主义、精神颓废以及消极避世。然而，文化经济学者从市场经济角度给出了与文化研究学者相反的观点。考恩（Cowen，2005）的《商业文化礼赞》指出资本主义经济的发展弱化了文化企业家与大型客户的赞助商角色，使得所有文化参与者能够表达自身的文化偏好，现代性科技较好地满足了多数利益相关者的异质性效用。凯夫斯（Keves，2017）的《创意产业经济学：艺术的商品性》从不完全契约角度分析了科技对创意产业供给方、中间商与消费者所带来的外部性影响，将科技的非市场效应完全归结为制度与组织问题，强调道德无涉性。面对上述争议，一项包含 87 篇文献的元分析认为科技应用在文化产业中带来的合法性问题被归结为两对恒久性矛盾：文化与产业化的矛盾；创作者对先锋文化范式的开拓与受众对当前文化套路的喜好。[①] 尽管理论文献对文化产业的技术非中性问题的分析愈加深刻，但是鲜有研究实证检验技术伦理与文化企业创新活动之间的关联性，在很大程度上造成了技术非中性与技术道德无涉性两种观点在文化产业中的对抗与撕裂。

（三）技术创新与商业模式创新的关系

已有研究对技术创新和商业模式创新的单独分析取得了丰富的成果，但是对两者之间关系的讨论还有待深入。一部分文献认为技术创新是商业模式创新的前置因素，商业模式创新没有技术壁垒就会轻易受到竞争对手的复制而失去经济价值。另一部分文献认为技术创新和商业模式创新是耦合的，两者存在共演关系，在动态发展过程中互为因果。尽管上述文献在观点上存在分歧，但是其研究视角都是技术创新的经济价值，并未考虑技术创新的道德属性。本文以科技向善为出发点，综合考虑科技的经济价值与道德属性对文化企业商业模式创新的作用机理。

三、理论基础与研究假设

（一）科技向善

1. 基于科技向善的创新绩效模型

本文采用复变函数理论来刻画科技与善意的协同性，假设企业实施科技向善战略的创新绩效表达式为 $P = T + Gi$，其中，P 为创新绩效，T 为科技研发，G 为善意表现。科技研发（T）之所以为复数的实部，存在两方面的原

---

①　Yuanyuan Wu, Shikui Wu. Managing ambidexterity in creative industries：A survey ［J］. Journal of Business Research, 2016, 69 （7）：2388 - 2396.

因：一是科技研发具有显性特征，容易引起战略制定者的关注；二是科技向善以技术实力为基础，不可能脱离技术而单独存在技术的善意，所以科技研发是复变函数的轴。基于这一观点，向善意愿具有隐蔽性与补充性，所以善意表现 G 归属于函数的虚部。

图 1 反映了科技研发（T）和善意表现（G）的配置关系对创新绩效的作用机理。向量 OP 的长度就是创新绩效的模或绝对值。由此，$|P| = \sqrt{T^2 + G^2}$，创新绩效取决于科技研发与善意表现。坐标轴中的任意一点都表示一种技术与善意的组合，进而决定了某种程度的创新绩效。比如图 1 中的 M 点，$P_M = OM = T_M + G_M i$，$|P_M| = OM = \sqrt{T^2_M + G^2_M}$。在该模型中，处于同一边界线上的点所对应的创新绩效均相同，离原点越远的边界线代表了越高的创新绩效，所以 $|P_M| = |P_N| = |P_1|$，且 $|P_3| > |P_2| > |P_1|$。这一复数模型的建立可以用来测度创新绩效的具体水平。

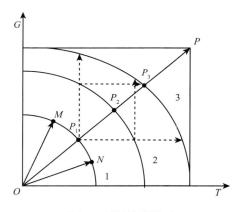

图 1　创新绩效模型

资料来源：根据模型推导归纳整理。

2. 创新绩效模型解析

在该模型中，可以从静态结构与动态演进两个层面来解释科技向善内部要素的协同性。从静态结构来看，向量与横轴所形成的辐角代表善意表现与科技研发之间的比例。举例来说，尽管 $\overrightarrow{ON}$ 与 $\overrightarrow{OM}$ 所代表的创新绩效一致，但是 $\overrightarrow{ON}$ 与横轴所形成的角度小于 $\overrightarrow{OM}$，这代表着 $\overrightarrow{ON}$ 所包含的战略配置强调科技研发超过善意表现，相反地，$\overrightarrow{OM}$ 所代表的战略配置强调善意表现超过科技研发。从图像的形态可知，科技研发与善意表现均有边际成本递增的特点，因此只有科技研发或善意表现的战略配置是不经济的。这就表明科技研发与善意表现一同构成了创新绩效，两者具有结构上的协同性。

从动态演进来看，由边界 1 到边界 3 有许多种可达路径，而具有代表性的路径有 5 条（如图 1 虚线所示）：路径 1 同时将战略资源配置于科技研发与善意表现，其路径为 $P_1 \rightarrow P_2 \rightarrow P_3$；路径 2 只对科技研发投入战略资源；路径 3 只对善意表现投入战略资源；路径 4 先只对科技研发投入资源，再对善意表现投入资源；路径 5 先只对善意表现投入资源，再对技术创意投入资源。根据解析几何知识，不难发现，路径 1 是实现边界突破的最短途径，而路径 4 与路径 5 是实现边界突破的最长路径。从这一结果看，科技研发与善意表现对创新绩效的作用具有共时性与历时性，两者同时存在并且贯穿整个绩效改善过程。

3. 科技向善的理论维度

从上述理论分析，结合字面含义，科技向善可以理解为"科技研发 + 善意表现"，那么问题在于其中的"＋"意味着什么？科技研发与善意表现在静态结构与动态演进上存在协同性，其中静态结构的协同性体现在两者资源配置上的组合关系，动态演进上的协同性体现为创新绩效改善过程中保持两者长期平衡的稳定关系。因此，科技向善是指企业面向重大社会需求投入科技研发资源，并向公众承诺将创新结果用于合规、合情、合理之善途的综合性科技创新战略。其综合性体现为科技向善既是一种研发政策，也是一种文化方针。它包含四个维度：科技研发；组合配置；双栖治理；善意表现。科技向善根本上无法脱离技术创新，面向重大社会需求的科技研发是科技向善的基本载体；善意表现是指企业向外承诺对技术的善用，是科技向善的认知框架，所以善意表现为科技向善提供了概念性支持，为科技应用赋予了价值取向；组合配置是指企业在进行战略安排时需要同时将资源配置于科技研发与善意表现；双栖治理是指企业在公司治理过程中为了谋求创新绩效可持续性和长期公司利益，确保技术创新与商业伦理相互依存，并控制两者相向而行。组合配置与双栖治理是连接科技研发与善意表现的纽带，是科技向善内部的协同机制。

根据科技向善的四个理论维度，结合已有研究编制的量表，本文初步开发了 16 个问题的量表，经过专家审核与两轮预调查，剔除了其中 7 个题项，保留了 9 个题项。9 个问题分别包括：（1）企业经常支持关于社会公共需求问题的基础研究；（2）企业经常支持关于社会公共需求问题的技术开发；（3）企业经常支持关于社会公共需求的科技成果推广；（4）企业经常在科技成果与社会利益对接上投入财务资源；（5）企业经常在科技成果与社会利益对接上投入人力资源；（6）企业高管团队在决策时避免对科技成果短期利益的盲目攫取；（7）企业建立了科技应用的管控制度与惯例；（8）企业经常参加科技伦理、慈善公益等社会责任主题的社会活动；（9）企业经常宣传科技成果所实现的经济价值与社会贡献。

（二）科技向善与商业模式创新的关系

施莱格米尔奇等（Schlegelmilch et al.，2003）从战略视角出发，将企业改变现有经营和竞争规则、重构既有业务与管理模式视为企业对商业模式的创新。按照魏朱的六要素理论，商业模式包括定位、业务系统、关键资源能力、盈利模式、自由现金流和企业价值，部分要素的调整均可视为商业模式创新。① 科技向善要求企业关注社会公共需要，发挥技术的社会价值，将公司业务与大众期待相联系。在这个过程中，科技向善将系统性地对商业模式构成要素产生影响，从而促进商业模式创新。第一，在科技向善理念的引领下，文化企业对科技研发与应用的非中性认知将更加清晰，对媒介运营与传播内容更加审慎，更加强调文化内容健康合理、品位高雅。这就调整了商业模式中的市场定位与价值理念。第二，基于科技向善方针，文化企业将主动剔除原先艺术价值较低、品位庸俗或者与主流价值背道而驰的创意项目，调整经营方向，确保业务系统能够推出更加积极、更加健康的文化产品。这在短期内将对业务架构造成较大影响，但长期来看却能够争取受众认同，赢得未来竞争优势。第三，科技向善意味着"科技研发＋善意表现"，因此，相比较以往的技术创新活动而言，当前所需要的关键资源在市场能力与研发能力的基础上增加公关能力。科技向善要求企业利用宣传优势来构建积极承担社会责任的良好形象，把握公共叙事中的话语权，所以关键资源能力中增加了对企业宣传能力的要求。第四，科技向善本质上不能脱离技术创新，文化企业在数字化浪潮下通过横屏播放手段、线上阅览功能以及 VR 视听技术等科技将 IP 开发运作发挥到极致。文化企业凭借数字技术将内容好、质量高的原创作品进行二次销售，向市场提供了大量衍生产品，扩展了现有的盈利模式。第五，科技向善一方面增加了文化企业在科技善用上的支出，另一方面增加了市场认同与客户忠诚带来的收益，改变了既有模式的收入支出。科技向善对自由现金流产生的影响取决于它的市场概念带来的销售收入能否覆盖用于推行这一方针的费用支出。第六，科技向善制约了文化企业炒作流量的短期投机行为，但能够助

---

① 魏炜，朱武祥. 发现商业模式 [M]. 北京：机械工业出版社，2009.

力文化企业在更加坚实的受众基础上赢取长期利益。因此，在科技向善的企业方针与理念影响下，文化企业的公司价值短期内也许会有所波动，但是长期来看却有稳步增长的趋势。

上述分析在理论上提出了科技向善影响商业模式创新的各种可能性，而这些作用也得到了李欣融、毛义君和雷家骕（2021），孟猛猛和雷家骕（2021），杨淼和雷家骕（2021）等多项研究的支持。基于此，提出以下假设：

H1：科技向善对文化企业商业模式创新具有正向影响。

（三）组织合法性的中介效应

苏克曼（Suchman，1995）认为合法性是指在由规范、价值观、信念和定义建构的社会体系内，一个实体的行为被认为是可取的、恰当的或合适的一般性感知或假设。组织合法性被分为规制合法性、规范合法性以及认知合法性。首先，科技向善理念有助于文化企业约束机会主义行为，确保业务与产品合法合规，获取规制合法性。近年来，国家文旅部、中宣部与广电总局等多个部门先后对图书音像出版、未成年人游戏时间、造星综艺视频节目等多种文化活动加以政策干预。文化企业盲目追求流量与关注的模式一旦触碰法规底线，将面临被整改乃至处罚的风险，因此科技向善理念减少了商业模式的违法概率，确保模式创新符合社会主流价值。其次，科技向善的政策方针要求科技创新面向社会重大需求，能够解决大众在现有消费情境中的痛点。这就意味着方针运行结果满足各利益相关方的共同利益，符合社会规范，尽管创新失败，也能够被公众所接纳。因此，创新容错率较高的社会氛围与积极响应的社会支持反映了科技向善带来的规范合法性。最后，科技向善的政策方针强调了互利共赢的价值理念，约束了文化企业对创意人才的过度剥削。这一方针让企业内部形成了合作意识，将商业模式创新的关注点从分配"蛋糕"转向做大"蛋糕"，因此科技向善使得文化企业能够形成稳固的内部共识，获取认知合法性。基于此，提出以下假设：

H2：科技向善对文化企业的组织合法性具有正向影响。

任何一个商业模式都是一个由客户价值主张、资源和生产过程、盈利模式构成的三维立体模式，所以商业模式创新是一个系统性方案优化过程。① 价

---

① Zott C. , Amit R. , Massa L. The business model: Recent developments and future research ［J］. Journal of Management, 2011 (37): 1019 – 1042.

值主张、生产过程以及盈利模式等要素与合作方、消费者以及内部成员等利益相关者紧密关联，均需要利益相关者的支持。从战略路径看，组织合法性是一种帮助企业获取其他资源与帮助的手段。商业模式创新过程中，新的价值主张需要被投资人、消费者与员工等多方主体认同，新的业务组成需要得到上下游多方的合作，而新的交易架构则要求各方接受不同的收支方式。因此，缺乏组织合法性，文化企业就无法动员合作方的版权内容、消费者的市场参与、艺术投资人的额外赞助以及创意人才的专用人力投资。基于这一观点，提出以下假设：

H3：组织合法性对文化企业的商业模式创新绩效具有正向影响。

社会构建学说的经典论断认为社会是人的产物，社会是客观的，人是社会的产物。它认为人与社会互动过程中，作为主我的人类创建了制度，制度从而反作用于客我。根据这一观点，科技向善的方针政策为文化企业构建了组织合法性，组织合法性进而推动文化企业商业模式创新。组织同构通常被认为是获取合法性的重要方式，所以企业往往面临战略趋同还是战略差异化的矛盾。科技向善另辟蹊径，提出了一种"同念不同构"的思路。科技向善的方针政策对外界传达出企业热心公益活动、承担社会责任的理念，但是并没有对具体标准提出细则。相反地，解决行业痛点、满足社会重大需求的合法性理念激发了文化企业的组织创造力，助力企业开展商业模式创新。从这个角度看，科技向善带来的"同念不同构"的思路，不仅催生了组织合法性，还促进了商业模式创新。基于此，提出以下假设：

H4：组织合法性在科技向善与文化企业商业模式创新之间起到中介效应。

（四）文化规制环境的调节效应

科技向善的文化理念与战略导向要求企业承担社会责任，就重大公共需求问题进行创新，但是出于股东价值最大化的短期盈利动机，文化产业当前出现了一系列滥用数字技术的乱象。文化管制政策与企业创新的经济现实之间存在张力与冲突。青木昌彦（2001）在《比较制度分析》一书中提出了制度均衡论观点，认为经济制度是从惯例与习俗等元制度和法律政策等正式制度构成，企业治理方式表现为两种制度的组合。按照制度均衡论，企业内部政策与政府规制政策之间存在互补性。在制度均衡条件下，政府监管愈加严格，企业相关利益者愈加重视经营合法性，企业科技向善所带来的品牌认同、市场扩张与战略支持等经济效应也越强烈。由此可知，在文化管制环境较为严格的条件下，文化企业积极承担社会责任的边际收益更高，因而企业会主动弥合商业经营与政府规制之间的张力。基于此，可以得到假设 5 和假设 6：

H5：文化规制环境调节了科技向善与文化企业商业模式创新之间的关系。

H6：文化规制环境的调节效应被组织合法性所中介，也即文化规制环境不仅调节了科技向善对文化企业商业模式创新的直接效应，还调节了科技向善对组织合法性的影响关系（见图 2）。

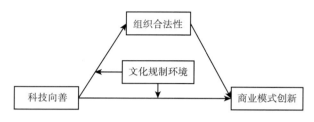

图 2   被中介的调节效应模型

资料来源：根据文献逻辑归纳整理。

四、研究设计

（一）数据与样本

在 2020 年 9 月到 2021 年 3 月期间，通过既有的社会关系对北京 798 文化中心、深圳大芬村创意园区、上海田子坊创意园区、杭州西湖文化中心等多个创意园区进行实地考察并发放问卷。在此基础上，委托上述创意企业以"滚雪球"的方式将问卷星的电子问卷链接发送给同在创意产业领域内的合作伙伴。本文一共发放问卷 526 份，收回问卷 381 份，回收率为 72.43%，剔除回答不全和回答无效的问卷后，共保留 314 份，有效回收率为 59.70%，达到现有研究的一般水平。

本文的研究样本具有如下特征：（1）就行业分布而言，广告公司占 8.9%，创意建筑公司占 13.4%，艺术和古玩市场占 15.6%，工艺品公司占 9.8%，设计公司占 6.5%，时尚创意公司占 6.7%，电影公司占 7.6%，互动性休闲软件公司占 5.1%，音乐公司占 4.8%，表演艺术公司占 7.6%，出版公司占 7.0%，软件与电视广播占 7.0%。由此可知，上述样本在文化产业的各个细分市场均有分布，具有代表性。（2）就所有制而言，国有企业占 24.52%，其他性质的企业占 75.48%。（3）就企业规模而言，小规模企业占比 17.83%，中等规模企业占比 53.50%，大规模企业占比 28.67%。这反映出文化企业呈现出中间大、两头小的正态分布，样本结构与现实状况相对吻合。（4）就企业年龄而言，创业至今 5 年以内的企业占比 28.34%，成立 5 ~ 8 年的企业占比 38.22%，9 年及以上的企业占比 33.44%。多数企业成立 5 ~ 8 年，适逢国家出台多项政策支持文化产业的黄金时段，并满足正态分布结构，与经济现实相符。（5）就管理团队而言，高管团队主要学历在高中及以下的企业占 9.87%，高管团队主要学历为本科或大专的企业占比为 44.66%，高管团队主要学历为硕士研究生的企业占比 44.20%，高管团队主要学历为博士的企业占 1.27%。这反映出文化产业是知识密集型产业，对创意管理者具有一定的学历要求。总体来说，本文调查对象的分布结构相对切近现实，具有一定的代表性。

（二）变量选取与信效度检验

自变量、中介变量、调节变量和因变量均采取 1 ~ 5 的李克特量表。自变量技术向善（TG）采用本文自行编制的量表，共包含 9 个题项。中介变量组织合法性（OL）尚未形成权威量表，综合借鉴了杜运周和张玉利（2012）、黄中伟和游锡火（2010）和梁燕等（2021）多项研究，提取了认知合法性、规范合法性和管制合法性三个维度，共 12 个题项。调节变量文化规制环境（CRE）参考戴维·思罗斯比（David Throsby，2015）的测量工具，共包括 6 个题项。因变量商业模式创新（BMI）参考了佐特和阿米特（Zott & Amit，2007）提出的量表，保留了前 9 个题项。此外，控制变量包括企业所有权性质（own，国有 = 1，否则为 0）、规模（$size$，小规模 = 1，中等规模 = 2，大规模 = 3）、企业年龄（age，5 年以内 = 1，5 ~ 8 年 = 2，9 年以上 = 3）、管理层主要教育水平（$team\_edu$，高中及以下 = 1，本科或大专 = 2，硕士研究生 = 3，博士及以上 = 4）。各变量的信效度结果如表 1 所示，折半信度 Cronbach's α 均大于 0.85，组合信度 CR 均大于 0.9，收敛效度 AVE 均大于 0.65，达到了学术研究要求的基本标准。因此，无论是本文自行开发的量表，还是已成熟的量表，均有良好的信度与效度。根据验证性因子分析，四因子模型的拟合效度最好，主要拟合指标达到研究标准，$\chi^2 = 9.468$，$\dfrac{\chi^2}{\mathrm{d}f} = 1.578$，$P < 0.001$，$CFI = 0.979$，$RMSEA = 0.042$。

表 1 信效度检验结果

变量	题项	因子载荷	Cronbach's α	CR/AVE	变量	题项	因子载荷	Cronbach's α	CR/AVE
TG	TG1	0.804	0.938	0.951/0.684	OL	OL1	0.851	0.97	0.974/0.755
	TG2	0.832				OL2	0.9		
	TG3	0.896				OL3	0.873		
	TG4	0.817				OL4	0.827		
	TG5	0.865				OL5	0.868		
	TG6	0.791				OL6	0.86		
	TG7	0.808				OL7	0.897		
	TG8	0.837				OL8	0.904		
	TG9	0.785				OL9	0.847		
BMI	BMI1	0.82	0.957	0.963/0.746		OL10	0.851		
	BMI2	0.845				OL11	0.893		
	BMI3	0.844				OL12	0.855		
	BMI4	0.867			CRE	CRE1	0.774	0.902	0.926/0.675
	BMI5	0.874				CRE2	0.787		
	BMI6	0.883				CRE3	0.852		
	BMI7	0.863				CRE4	0.821		
	BMI8	0.898				CRE5	0.829		
	BMI9	0.875				CRE6	0.862		

（三）描述性统计

如表 2 所示，关键研究变量之间的相关关系显著，同时相关系数均小于 AVE 值，符合理论预期。同时，进行多重共线性检验，所有回归方程的方差膨胀因子（VIF）值都小于 5，多重共线性在可接受范围内。

表 2 描述性统计

变量	均值	标准差	*TG*	*OL*	*ZY*	*BMI*
TG	3.311600849	0.699748318	1			
OL	3.338714762	0.579921164	0.717***	1		
CRE	3.356559448	0.579591008	0.624**	0.591**	1	
BMI	3.339151805	0.761973668	0.698**	0.709**	0.721**	1

注：** 表示在 5% 水平上显著，*** 表示在 1% 水平上显著。

五、实证结果

（一）共同方法偏差检验

为避免共同方法偏差问题，采用匿名填写、分次调查、多被试填写等规范化的调查程序。其中，控制变量与因变量由企业管理人员 A 填写，自变量、中介变量与调节变量由企业管理人员 B 填写。在检验共同方法偏差时，选取 Harman 单因素检验方法，第一主成分累积贡献率达到 19%，低于 40% 的门槛值，因此并不存在严重的共同方法偏差问题。

（二）内生性检验

为缓解因果倒置带来的内生性问题，本文在进行分词调查时，在 2020 年底前对管理人员 B 发放问卷从而获取自变量、中介变量与调节变量，在 2021 年后对管理人员 A 所填写的问卷进行收集，因此自变量等前置性因素的相关数据都是滞后的。另外，借鉴冯文娜等（2020）的做法，利用采用 Durbin-Wu-Hausman 方法来检验来观测误差。[①] 这一方法旨在验证调节变量是否存在内生性问题，以科技向善与其他控制变量为自变量，文化规制环境为因变量进行回归分析。将所得残差对商业模式创新进行回归分析，得到回归系数为 0.09，P 值为 0.41，其作用并不显著。基于上述分析，内生性得到了一定程度的控制。

---

① 冯文娜，姜梦娜，孙梦婷. 市场响应、资源拼凑与制造企业服务化转型绩效［J］. 南开管理评论，2020，23（4）：84 – 95.

（三）假设检验

本文首先借鉴温忠麟等（2005）的研究，采用三步回归法验证了中介效应，在此基础上借鉴温忠麟等（2006）的做法进一步验证被中介的调节模型。运行 SPSS25 软件，得到了如表 3 所示的结果。模型 1 为基准模型，检验了控制变量对商业模式创新（BMI）的影响结果，并为模型 2、模型 4、模型 5 和模型 7 的拟合效果提供参考标准。模型 2 反映了科技向善（TG）对商业模式创新（BMI）的作用结果，相比较模型 1 而言可决系数上升了 0.022，表明该模型拟合效果更佳。其中，科技向善对商业模式创新（BMI）的回归系数为0.199，在 0.01 水平上显著，说明科技向善对商业模式创新（BMI）存在正向影响，假设 1 成立。模型 3 反映的是科技向善对组织合法性（OL）的影响结果，其回归系数为 0.719，在 0.01 水平上显著，说明科技向善对组织合法性存在正向影响，假设 2 成立。模型 4 反映的是科技向善和组织合法性各自对商业模式创新（BMI）的影响结果，可决系数相比较基准模型上升了 0.024，说明拟合效果较好，科技向善对商业模式创新（BMI）的回归系数为 0.04，并不显著，而组织合法性对商业模式创新（BMI）的回归系数为 0.221，在0.01 水平上显著，表明组织合法性对商业模式创新（BMI）存在正向影响，假设 3 成立。结合科技向善和组织合法性的回归系数可知，组织合法性在科技向善与商业模式创新（BMI）之间起到完全中介效应，假设 4 成立。模型 5反映了文化规制环境对科技向善与商业模式创新（BMI）关系之间的调节效应，交互项（TG×CRE）的回归系数为 0.098，并且在 0.01 水平上显著，说明文化规制环境正向调节了科技向善对商业模式创新（BMI）的促进作用。模型 6 反映的是文化规制环境对科技向善与组织合法性之间的调节效应，相比较模型 3 而言可决系数上升了 0.104，说明模型拟合效果有所提高。其中，交互项的回归系数为 0.228，在 0.01 水平上显著，说明文化规制环境正向调节了科技向善与组织合法性之间的关系。在模型 7 中，组织合法性对商业模式创新（BMI）的回归系数为 0.208，在 0.1 水平上显著，说明组织合法性对商业模式创新（BMI）存在正向影响这一结论仍然成立。互动项（TG×CRE）对商业模式创新（BMI）的回归系数为 0.146，在 0.01 水平上显著，说明文化规制环境正向调节了科技向善对商业模式创新（BMI）的直接效应。结合模型 5 至模型 7 可知，文化规制环境的调节作用被组织合法性所中介，一方面正向调节了科技向善与商业模式创新（BMI）的直接效应，另一方面正向调节了科技向善与组织合法性之间的关系，并通过组织合法性传导至商业模式创新（*BMI*）。因此，假设 5 成立，本文所提出的被中介的调节效应模型得到验证。

表3 被中介的调节模型检验结果

变量	模型 1	模型 2	模型 3	模型 4	模型 5	模型 6	模型 7
TG		0.199 *** (0.029)	0.719 *** (0.024)	0.04 (0.056)	− 0.317 *** (0.1)	− 0.476 *** (0.05)	− 0.416 *** (0.113)
OL				0.221 *** (0.067)			0.208 * (0.114)
TG × CRE					0.098 *** (0.018)	0.228 *** (0.009)	0.146 *** (0.032)
own	− 1.185 *** (0.048)	− 1.007 *** (0.052)	− 0.026 * (0.043)	− 1.001 *** (0.051)	− 1.015 *** (0.05)	− 0.045 * (0.025)	− 1.025 *** (0.05)
size	0.278 *** (0.032)	0.252 *** (0.03)	0.046 ** (0.025)	0.242 *** (0.029)	0.238 *** (0.029)	0.013 (0.014)	0.24 *** (0.028)
age	0.146 *** (0.027)	0.140 *** (0.025)	0.026 (0.021)	0.134 *** (0.025)	0.109 *** (0.025)	− 0.047 *** (0.012)	0.099 *** (0.025)
team_edu	0.006 (0.024)	− 0.001 (0.022)	− 0.024 (0.018)	0.005 (0.022)	0 (0.021)	− 0.022 ** (0.011)	− 0.004 (0.021)
F 值	448.85	422.1	343.304	364.702	388.717	970.421	336.202
Adj-R	0.851	0.873	0.845	0.875	0.881	0.949	0.882
ΔR^2		0.022		0.024	0.030	0.104	0.031

注：（）内为标准误，*** 表示在 1% 水平上显著，** 表示在 5% 水平上显著，* 表示在 10% 水平上显著。

使用 SPSS Process3.3 程序进行 5000 次重复抽样下的 Bootstrap 检验，借鉴方杰等（2017）的方法进一步验证中介效应模型与被中介的调节效应模型的稳健性。就中介效应模型而言，间接效应为 0.1591（标准误为 0.0492），95% 置信区间下的上下限范围为 ［0.0600，0.2546］，位于 0 点右侧，并未经过 0 点，接受中介效应的存在，假设 4 的结论进一步得到验证。就被中介的调节效应而言，调节中介效应指数为 0.1878（标准误差为 0.0680），95% 置信区间下的上下限区间为 [0.0539，0.3217]，位于 0 点右侧，表明接受调节中介效应的存在，假设 5 进一步被验证。

（四）稳健性检验

为深入验证科技向善这一战略的经济效应，本文通过指标替换、样本替换和分组回归对主效应假设进行稳健性检验，得到了如表 4 所示的结果。首先，将商业模式创新区分为效率型商业模式创新和新颖型商业模式创新，将原先的单一因子指标替换为双因子指标。模型 8 检验了科技向善对新颖型商业模式创新的影响，而模型 9 检验了科技向善对效率型商业模式创新的影响，回归系数均为正值并显著，主效应假设仍然成立。其次，对 MBA 学院 37 个文化产业从业者展开了预调查，以预调查样本替换正式调查样本进行稳健性检验。模型 10 反映了预调查样本中科技向善对商业模式创新的回归结果，回归系数的符号依然为正，但并不显著。最后，根据国家统计局的分类标准，将样本分为文化制造业、文化服务业与文化流通业三类，在此基础上进行分类回归。模型 11 和模型 12 分别支持了文化制造企业和文化服务企业的主效应假设，但是模型 13 并未支持文化流通企业的主效应假设。从稳健性检验结果来看，主效应假设总体上得到了支持。

表 4   稳健性检验结果

变量	模型 8	模型 9	模型 10	模型 11	模型 12	模型 13
TG	0.141 ** (0.032)	1.644 *** (0.018)	0.377 (0.944)	0.622 *** (0.091)	0.706 *** (0.055)	0.824 (14.8)
是否控制	控制	控制	控制	控制	控制	控制
F 值	368.7	363.704	464.819	848.922	896.11	482.127
Adj-R	0.722	0.713	0.845	0.718	0.775	0.791

注：（ ）内为标准误，*** 表示在 0.01 水平上显著，** 表示在 0.05 水平上显著。

六、结论与建议

（一）研究贡献

已有研究对科技向善的理论维度、测量方式以及前因后果做了初步探讨，但在理论上并没有达成共识，同时尚未有实证研究讨论科技向善的管理效应。

基于此，边际贡献存在以下三点：第一，采用复变函数理论，归纳了科技向善的概念体系，编制了科技向善的测量量表；第二，以科技向善为切入点，构建了解释商业模式创新的理论模型，从经济价值和道德属性两个方面重新讨论了科技创新与商业模式创新之间的关系；第三，通过对 314 家文化企业的问卷调查，首次在实证层面检验了科技向善的管理效应，具有一定的开拓性。

（二）管理启示

通过理论探究与实证分析，研究发现：科技向善具有科技研发、组合配置、双栖治理和善意表现四个维度；科技向善以组织合法性为传导机制对文化企业商业模式创新产生正向影响；文化规制环境正向调节了科技向善与文化企业商业模式之间的关系，该调节效应受到组织合法性的中介。基于上述结论，可以得到以下三条管理意见：

首先，推动科技向善的创新战略必须全面把握科技向善的完整内涵。科技向善不是科技研发与善意表现的机械叠加，而是在结构与功能上的有机缠绕。企业要兼顾科技研发与善意表现，不仅在资源配置上为两项活动提供要素支持，还要在公司治理上平衡科学技术关于商业应用和贡献社会的双重价值。当且仅当资源配置与公司治理同时关注科技研发与科技向善意愿时，企业科技向善战略的实施才具有可持续性。

其次，文化企业以科技向善获取合法性资源，动员内外部利益相关者投入商业模式创新。文化企业应当顺应政府文化管制政策以及社会重大文化需求开发文化产品，进而争取外界认同，减少商业模式创新的阻力。此外，当文化企业获得组织合法性之后，应积极号召与动员利益相关者共同推动模式更新，重塑市场定位与交易架构。

最后，文化企业需要根据政府的文化规制政策为标准决定科技向善战略的实施力度。文化企业管理团队需要在艺术创作与产业属性、科技研发与善意表现、商业利益与社会价值之前找到最大公约数。当管制政策越加规范时，企业需要追加在履行社会责任方面的投资来确保与文化环境同步发展。

（三）研究局限与展望

本文在理论与实证分析上存在以下三个方面的不足：（1）在科技向善的理论维度与测度方式上，借鉴复变函数构造理论模型进行说明，尚未以质性分析方法检验概念体系的理论饱和性，所以科技向善的信效度仍有提高的空间。（2）在研究对象上，基于文化乱象丛生的背景选取文化企业进行讨论，研究结论是否能够推广到其他企业有待商榷。（3）在调查方法上，实证研究围绕问卷数据展开，具有一定的主观性和模糊性。本文在后续研究当中，可以使用扎根理论通过质性调查归纳科技向善的理论维度，并以制造企业为研究对象、客观数据为测度方式展开调查，提高研究结论的可推广性与严谨性。

参考文献

［1］［德］马克斯·霍克海默，西奥多·阿道尔诺. 启蒙辩证法：哲学片段［M］. 渠敬东，曹卫东译，上海：上海人民出版社，2006.

［2］［德］瓦尔特·本雅明. 机械复制时代的艺术作品［M］. 王才勇译，北京：中国城市出版社，2002.

［3］［美］理查德·E. 凯夫斯. 创意产业经济学：艺术的商品性［M］. 康蓉等译，北京：商务印书馆，2017.

［4］［美］泰勒·考恩. 商业文化礼赞［M］. 严忠志译，北京：商务印书馆，2005.

［5］［日］青木昌彦. 比较制度分析［M］. 周黎安译，上海：上海远东出版社，2001.

［6］［英］斯图亚特·霍尔. 文化研究1983：一部理论史［M］. 周敏，程孟利译，北京：商务印书馆，2021.

［7］范周. 数字经济下的文化创意革命［M］. 北京：商务印书馆，2019.

［8］冯文娜，姜梦娜，孙梦婷. 市场响应、资源拼凑与制造企业服务化转型绩效［J］. 南开管理评论，2020，23（4）：84 - 95.

［9］李欣融，毛义君，雷家骕. 企业科技向善：研究述评与展望［J］. 中国科技论坛，2021（7）：115 - 124.

［10］孟猛猛，雷家骕. 基于集体主义的企业科技向善：逻辑框架与竞争优势［J］. 科技进步与对策，2021，38（7）：76 - 84.

［11］魏炜，朱武祥. 发现商业模式［M］. 北京：机械工业出版社，2009.

［12］温忠麟，侯杰泰，张雷. 调节效应与中介效应的比较和应用［J］. 心理学报，2005（2）：268 - 274.

［13］温忠麟，张雷，侯杰泰. 有中介的调节变量和有调节的中介变量［J］. 心理学报，2006（3）：448 - 452.

［14］杨淼，雷家骕. 科技向善：基于竞争战略导向的企业创新行为研究［J］. 科研管理，2021，42（8）：1 - 8.

［15］Harley B., Fleming P. not even trying to change the world：Why do elite management journals ignore the major problems facing humanity？［J］. The Journal of Applied Behavioral Science，2021，57（2）：132 - 152.

［16］ Schlegelmilch B. B. , Chini T. C. Knowledge transfer between marketing functions in multi-national companies: A conceptual model ［J］. International Business Review, 2003, 12 (2): 215 – 232.

［17］ Suchman M. C. Managing legitimacy: Strategic and institutional approaches ［J］. Academy of Management Review, 1995, 20 (3): 571 – 610.

［18］ Yuanyuan Wu, Shikui Wu. Managing ambidexterity in creative industries: A survey ［J］. Journal of Business Research, 2016, 69 (7): 2388 – 2396.

［19］ Zott C. , Amit R. , Massa L. The business model: Recent developments and future research ［J］. Journal of Management, 2011 (37): 1019 – 1042.

大气污染区域协同治理激励
模型与监管政策

——基于多元主体利益视角[*]

谢玉晶　薛　俭[**]

摘　要　区域性大气污染治理是一项复杂的系统工程，关系到政府、企业、公众等多元主体利益，如何全面考虑这些主体利益实现环境效益、经济效益和社会效益多赢，成为当前大气污染协同治理迫切需要解决的问题。综合考虑政府、企业、公众等利益主体建立的区域协同治污目标体系，进而采用行政规制手段，构建地区间合作博弈的激励机制模型，并提出长效监管政策建议。模型包括两部分，即区域污染去除率优化模型和基于 Shapley 值法的区域协同收益分配模型。为了验证模型的科学性和有效性，本文将以长三角区域内的上海、江苏、浙江、安徽四省份的污染协同监管为例进行实证研究，提出长三角大气污染协同治理激励与监管政策方案。

关键词　环境管制　区域协同治污　激励模式　合作博弈

一、问题的提出

如何有效防控区域性、复合型大气污染问题是我国政府和公众一直密切关注的焦点问题。国内外实践证实，以区域整体为单元、从区域整体的污染防控需要出发共同规划和实施大气污染控制方案的区域协同治理策略（或区域联防联控）是区域性、复合型大气污染防治的根本途径。因为它不仅兼顾

---

　*　浙江省哲学社会科学规划重点项目"长三角区域一体化背景下大气污染协同治理路径与监管政策研究"（21NDJC014Z）；国家自然科学基金青年项目"区域一体化下大气污染协同治理激励机制与监管政策研究"（72004192）。

　**　谢玉晶，浙江财经大学中国政府管制研究院讲师；薛俭，陕西科技大学经济与管理学院教授。

大气环境无刚性边界的自然属性和行政管理体制的社会属性，而且充分整合区域内各地区的资源条件、发挥各地治污能力优势互补作用。我国将区域协同治理作为区域大气环境治理的重要战略举措在全国范围内全面推进是始于2010年5月国务院转发《关于推进大气污染联防联控工作改善区域空气质量的指导意见》。随后，国家层面又相继出台了《重点区域大气污染防治"十二五"规划》、《大气污染防治行动计划》、《中华人民共和国大气污染防治法》（修订版）、《"十三五"生态环境保护规划》，修订实施《中华人民共和国环境保护法》并颁布《打赢蓝天保卫战三年行动计划》等政策文件，确立了区域联防联控在我国大气污染防治领域的战略地位，并在京津冀、长三角等重点区域全面开展。

总体而言，近年来我国大气污染区域协同治理在会议协商、科技合作、联合执法、联合预警等方面取得了不错进展，为全国PM2.5年均浓度持续降低发挥了重要作用。但从长效运行来看，协同治污仍存在激励机制还不健全、协同监管乏力等问题，导致治污效果不理想，治污成效有待进一步提高。一方面，我国迄今尚未发挥经济和市场作用建立地区间污染治理补偿机制，各重点区域开展大气污染协同治理主要依靠"行政—命令"型政策手段强制推进，虽然快速有效，但成本较高，区域协同难以长期有效开展。地方政府易过多关注具有快速和显性效果的政策和手段，甚至采取"一刀切"措施，而这些政策手段下的长期治污效果以及对区域社会经济的影响却值得探讨，比如快速"关、停、并、转"带来的就业问题、公众感知的空气质量改善情况与地区治污努力不平衡等。另一方面，虽然国家层面已经在京津冀、长三角等区域成立了大气污染防治领导小组，但其职能主要是宏观的和协调性，尚未明确赋予其监管职能和执法权力，约束力不强。同时，缺乏统一执法体系和治理标准，很难实现有效监管。在缺乏激励机制和有效监管的情况下，由于地方本位主义和"利己主义"的影响，地方政府在执行协同治污政策时很容易选择"搭便车"行为，最终导致大气环境陷入"公地悲剧"困局。此外，协同治污措施实施过程中，尚未统筹兼顾政府、企业、公众等多元主体利益，从区域的环境效益、经济效益和社会效益协调发展的角度来看，区域协同治污效率还有待进一步提高。因此，如何考虑多元主体的利益，建立大气污染区域协同治理激励机制和有效的监管制度，成为目前我国大气污染区域协同治理亟待解决的关键问题。

鉴于此，本文综合考虑各地区污染治理决策中涉及的政府、企业、公众等多元主体的切身利益，设置全面的协同减排目标体系，在共同完成区域污染减排和空气质量改进的目标下，对区域内各地区去污水平进行优化，并通过公平合理分配合作收益提高协同治污的积极性，最后提出相关监管政策建议，促进长效合作治污。

二、相关文献回顾

（一）区域协同治理、合作治理与联防联控

"协同治理"在政府处理跨地区公共事务实践中经常出现，但在学术研究中尚无统一的定义。"协同治理"常与"协作治理""合作治理""联防联控"等术语混同使用。合作一般较少存在合约结构和契约关系，也不具有连续性。与之相反，协同与协作一般多以正式的合约文本为基础，具备连续性和系统性（杨成来，2017）。联防联控兼具以上三者特征，可能有正式的合约文本和契约关系，也可能没有；可能会持续的联防联控，也可能随时终止。联防联控的本质仍然是协作、协同或合作，因此，联防联控作为协同治理的一种重要提法在学术研究中也经常出现（Vatn，2018）。在大气环境保护领域，区域协同治理的核心要义是以大气功能区为单元，从区域整体需求出发，共同规划和实施大气污染控制方案，统筹安排，互相监督，互相协调，最终达到改善区域空气质量、共享治理成果与塑造区域整体优势的目的（王金南等，2012）。区域协同的形式和关系多种多样，就政府组织而言，常见的协同形式有央地协同、同级政府间协同、部门间协同等（彭向刚等，2015）。政府协同治理是优化碎片化的区域政府形态与各自为政的决策机制的有效方式（赵志华和吴建南，2020）。目前，政府间协作治理的研究还比较少，研究内容主要分散在影响因素（Koschmann，2012）、机制建设与评价（Molen，2018）、制度基础（Agranoff，2012）、模式演进（李瑞昌，2018）等方面，缺乏对区域内政府间协同治理机制的系统性研究。

大气污染防治是当前生态环境治理领域的一个研究热点。随着大气污染区域性、复合型特征凸显，区域协同治理、联防联控成为学者关注的热点。在以区域大气污染地区间协同治理的研究中，可梳理为三个主题：一是组织视角的研究，以政府系统的各个子系统为研究对象，以大气污染治理中地区间关系为核心，在我国条块分割的管理体制背景下，从地方政府合作关系、信息沟通、责任分配等方面入手，分析论证地区间协同治理的过程（杨丽娟和郑泽宇，2017）。二是目标视角的研究，从各地区大气污染治理的目标入

手，多数以污染物的技术分析为基础，分析不同的目标内容设计和方式设置对于政府间协同治理的重要性和影响方式（邹兰等，2016；唐湘博，2017）。三是政策工具视角的研究，主要基于具体的情境，针对特定研究案例应用某种政策工具的效果，对比已有的大气污染治理实践，突出大气污染治理中政府间协同治理的重要性（宋海鸥和王滢，2016；姜玲等，2017）。此外，也有较多针对区域协同治污保障条件的研究，如资金投入保障、公众监督、监测预警等，此类研究比较零散且针对性不强，但在已有文献中都提及其对政府间协同治理的重要意义（周扬胜等，2015；姜玲等，2017）。总体而言，大气污染区域协同治理的重要意义已获得广泛认可，但既有研究内容比较分散，对于我国多元主体利益视角下的大气污染区域协同治理目标、协同激励的政策工具、激励模式、监管模式还缺乏系统的定量研究。

（二）关于区域协同治污目标

从目标设置来看，现有研究主要从四个方面分析目标设置对污染治理效果的影响：污染治理的长期目标与短期目标、大气污染的跨区域流动性、总量减排目标与质量改善目标、污染物协同减排目标（王金南等，2013）。例如，孙和郭（Sun & Guo，2017）指出，面对上级下达的偏重于长期性的治污目标，地方政府为应对短期压力在执行污染防治政策时易选择短期措施达成目标要求，而忽视大气污染治理的长期性效果（李云燕等，2018）。李挚萍（2017）指出，重"降排放"轻"提容量"是造成地区总量减排目标达成而空气质量却未有明显改善的重要原因。区域大气污染目标设计应充分考虑各地区自然环境的污染承受能力、污染排放特点及地区之间的相互影响（王清军，2016）。这些研究主要关注目标内容或目标设置压力的分析，缺少目标设置对于协同治污作用过程和影响方式的讨论。另外，现有研究主要关注单个地区污染治理目标设置，很少关注跨地区污染治理损益目标设置。

在大气污染区域协同治理目标方面，现有研究主要关注节约区域治污成本、改善空气质量指数等。例如，薛等（Xue et al.，2015）以最大化节约区域污染物削减成本为目标，建立优化模型研究省际协同治污问题。卡内瓦莱等（Carnevale et al.，2008）以去污成本和空气质量指数为目标建立非线性优化模型研究意大利大城市区域的 O_3 污染协同治理。目前，很多研究表明环境规制强度增加会对就业规模产生负面影响（周珍等，2017）。李钢等（2012）研究表明，如果提升环境管制强度使工业废弃物排放完全达到标准，我国制造业的就业量将下降1.8%。李梦洁（2016）、孙文远和程秀英（2017）研究表明，环境管制与就业之间存在"U"型关系，我国目前尚处于"U"型曲线拐点的左端。工业比重越大、污染水平越高的地区，就业受到环境规制政策的冲击越显著（Walker，2014；马骥涛和郭文，2018）。同时，已有大量研究揭示了大气污染与呼吸系统疾病（Ai et al.，2019；Vitkina et al.，2019）、心血管系统疾病（Herman et al.，2020）、心理疾病（Sass et al.，2017）等之间存在强有力关联。然而，鲜有研究将减少区域健康损害和失业作为协同治污目标研究协同治污激励机制问题。谢等（Xie et al.，2016）研究指出，节约区域治污成本和减少区域人口健康损害都应作为地区协同治污目标，基于此建立了省际协同治污的双目标优化模型。薛等（2019）以节约污染物削减成本和促进地区就业为目标建立省际协同治污双目标优化模型。

总体而言，现有研究较少关注污染治理对健康防护的影响以及环境管制对地区就业的影响，尚未发现将区域大气环境治理作为一个系统，综合考虑政府、企业、公众等多元利益主体设置区域协同治污目标，进而探索区域协同治污激励机制和长效监管政策的相关研究成果，而这是弥补地区污染治理成本效益不平衡、提升各地区协同治污积极性、保障区域协同治污长效开展的关键。在此背景下，本文旨在考虑与区域大气环境治理密切相关的政府、企业、公众等多元主体的切身利益，将减少治污经济成本、改善环境空气质量、减缓公众健康损害和减少环境管制带来的失业（或增加地区就业）为协同治污目标，进而构建合作博弈模型，并以长三角为例实证探究长效协同治污的激励机制及其监管的政策建议。

三、多元主体利益视角下的区域协同治污目标体系构建

新区域主义理论认为，大气污染区域协同治理应是一个政府部门、企业和公众互动参与、资源和信息共享、共同解决区域污染这一公共性问题、共同谋求区域良性健康发展、竞争合作有序的多元共治局面（向延平和陈友莲，2016）。我国《重点区域大气污染防治"十二五"规划》《大气污染防治行动计划》《环境保护"十三五"规划》等多项政策文件强调区域大气污染治理的主体主要涉及政府、企业和公众三大类，由于在大气污染治理过程中，他们的角色和利益各不相同，有时甚至相互冲突，因此需要加强政府领导责任、明晰企业治理责任、引导公众积极参与，着力建立健全政府统领、企业施治、

市场驱动、公众参与的创新机制。因此,本文将大气污染区域协同治理的多元主体界定为政府部门(中央政府/区域性监管机构、地方政府)、排污受管制企业、社会公众等主要利益相关者(见图1),环保公益组织等非核心利益相关者则不在本文关注范畴。

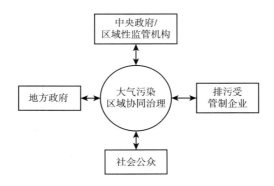

图1 大气环境治理的相关利益主体

资料来源:根据文献归纳整理。

对减排企业而言,一方面,希望为降低污染物排放而进行产能升级、安装、更新及运行污染治理设备等而产生的污染去除成本越低越好,另一方面,在本地政府落实环境管制政策下,排污企业希望自身生产经营秩序所受的干扰越小越好(周珍等,2017),如政府为淘汰落后产能对相关企业执行"关、停、并、转"等措施,影响企业生产经营秩序,甚至影响企业的生存与发展。大气污染直接损害公众身体健康。长期暴露于污染的大气环境中,公众身体健康会受到不同程度的健康损害(Morelli et al.,2016;Chen et al.,2018)。因此,从健康角度而言,公众希望污染监管力度越大越好,以最大限度降低污染造成的健康损害。另外,政府对污染治理的监管力度越大,本地排污企业为减少排放而进行减产能或产能升级等,会使短期内出现停工、失业、转岗就业等,短期内影响劳动力的就业稳定和收入稳定(李钢等,2012),从这一角度而言,公众希望就业稳定性受污染治理与环境管制政策的影响越小越好。对于地方政府而言,一方面需要完成中央政府对本地区经济稳健发展、环境空气质量持续改善和稳定就业等指标的考核,另一方面希望树立良好的政府公信力,促进社会和谐稳定的局面。因此,节约污染治理成本、增加或稳定地方就业、持续改善空气质量减少人口健康损害都是政府密切关注的污染治理目标。而这些目标的同时实现,正是中央政府所希望实现的环境效益、经济效益与社会效益共赢的局面，以此促进区域可持续发展。基于此，本文将节约治污成本、减少公众健康损害、增加和稳定就业同时纳入大气污染区域协同治理目标体系，用以兼顾政府、企业和公众三个利益主体，尤其是增加和稳定就业目标，是联系三个主体的纽带，如图 2 所示。

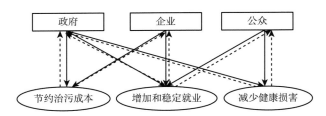

图 2　大气污染治理与多元主体的利益相关关系

资料来源：根据文献归纳整理。

四、多元主体利益视角下的区域
协同治污合作博弈模型构建

本文将在一系列研究假设的基础上，构建区域合作博弈模型，具体如下：

假设 1：区域环境监管部门及其各地区监管部门都是理性决策者，他们都从自身利益最大化出发选择对自身最有利的决策，即在实现区域污染治理目标的前提下，最大化节约本地区污染治理成本、降低区域污染健康损害和失业损失。

假设 2：区域环境可视为一个"大泡泡"，可以像美国环保署 1979 年实施"泡泡政策"那样在区域内开展区域污染协同治理和监管措施，只要整个"泡泡"的污染排放量符合中央政府或区域协同监管部门制定的总量排放指标规定，则允许"泡泡"内部的各地区对本地各类污染排放源自行调剂，并允许污染在地区间自由传输（Levin，1982）。

假设 3：各地区通过调整自身污染去除率来间接地调整地区之间的污染传输，以此影响整个区域的环境空气质量。因为从年度来看，区域这个"大泡泡"的环境容量、季风气候条件相对稳定，各地区通过控制污染排放水平可以实现区域空气质量最终达到均衡状态。

假设 4：若区域 I 达到规定的污染排放总量指标，即可认为区域内各地区的环境损害成本为零。

记整个区域为 I，$I = \{1, 2, \cdots, m\}$，包含 m 个地区或子区域；区域及各地区的总人口为 J，可以按照年龄分为 n 个群体，即 $J = \{1, 2, \cdots, n\}$。对于 I 内的某种大气污染物，本文考察污染暴露对各年龄组人群造成的 q 种健康损害终端，即任意健康终端 $K = \{1, 2, \cdots, q\}$。模型构建过程中所用到的相关参数、变量符号及其定义如表 1 所示。

表 1　　　　　　　　　　集合、参数与变量汇总

集合	含义	
I	区域内各地区集合，任意地区 $i \in I = \{1, 2, \cdots, m\}$	
J	年龄组集合，任意年龄组 $j \in J = \{1, 2, \cdots, n\}$	
K	污染造成的健康损害结局集合，任意健康损害结局 $k \in K = \{1, 2, \cdots, q\}$	

参数	含义	单位
p_i	i 地区某大气污染物年日均浓度	微克/立方米
p_0	i 地区上一年度某大气污染物的年日均浓度	微克/立方米
Δp_i	i 地区某大气污染物年日均浓度比上一年的降低量	微克/立方米
g_i	i 地区某大气污染物的年产生量	万吨
r_i	i 地区某大气污染物的年去除量	万吨
w_i	i 地区某大气污染物载体的年排放量	亿立方米
e_i	国家设定的 i 地区某大气污染物的年最大排放量限值	万吨
τ_i	国家设定的 i 地区某大气污染物的年日均浓度下降值	微克/立方米
π	国家设定的整个区域 I 的某大气污染物的年日均浓度最高限值	微克/立方米
s_{ij}	i 地区第 j 年龄组人群的人口数量	人
h_{ijk}	i 地区第 j 年龄组内第 k 种疾病死亡的基线值	1/10 万
β_{ijk}	剂量反应系数，单位污染浓度变化引起的 i 地区第 j 年龄组内第 k 种疾病死亡率的变化值	%
$\overline{a}_i$	i 地区某大气污染物年去除率的最大值	—
$\underline{a}_i$	i 地区某大气污染物年去除率的最小值	—
v_i	i 地区某大气污染物的环境容量	—
ΔE_i	i 地区因治理某大气污染所降低的本地区人群健康损害	人
ΔE	区域因治理某大气污染所降低的区域人群健康损害量	人
rc_i	i 地区治理某大气污染所支付的污染去除成本	万元
rc	区域在治理某大气污染所支付的区域污染去除成本	万元
tc_i	i 地区某大气污染物治理的年度综合成本	万元

参数	含 义	单位
tc	区域某大气污染物治理的年度综合成本	万元
u	单位人群健康损害降低的货币价值	万元
be	区域人群健康损害降低对应的收益的货币价值	万元/人
v	与属地模式相比，区域进行大气污染合作治理所获的合作收益	万元
T_{ij}	地区 i 向地区 j 的污染转移量	万吨

变量	含 义	单位
x_i	第 t 年 i 地区某大气污染物年均去除率	%

（一）多元主体利益视角下的协同治污目标函数构建

在区域协同治污过程中，各地区根据自身条件（如产业结构、能源结构、人口特征、排污强度、技术水平等），采取污染治理措施降低本地区污染排放，提高污染物去除率，进而努力实现节约污染治理成本、降低污染对人口健康的损害、尽量降低污染治理对就业的不良影响。因此，针对某种污染因子，需首先建立与地区污染物去除率相关的健康损害降低函数、污染去除成本函数和就业函数。

1. 健康损害降低函数

已有大量研究揭示出长期暴露于大气污染会对人体健康造成急慢性损害，美国环保署和世界卫生组织研究表明，慢性损害要远远高于急性效应（短期损害），而过早死亡是污染造成的慢性损害中最为显著的健康损害结局。因此，本文以污染引致的不同年龄段、患有某种疾病人群造成的过早死亡来评估健康损害的变化水平，记第 k 种健康损害结局为 $k \in K = \{1, 2, \cdots, q\}$。

整个区域作为一个"大泡泡"，区域内各地区环境质量不仅与本地排污水平有关，还受地区间污染传输影响。若任意地区 i 接收的污染净输入为 $\sum_{j \neq i} T_{ji}$，则地区 i 的实际污染处理率（x_i'）等于本地污染去除量（$g_i x_i$）与总污染量 $\left(g_i x_i' + \sum_{j \neq i} T_{ji} \right)$ 的比值，即：

$$x_i' = \frac{g_i x_i}{g_i + \sum_{j \neq i} T_{ji}} \tag{1}$$

谢等（2016）的研究表明，任意地区 i 的污染物去除率（x_i）与其污染浓度降低量（$p_0 - p_i$）之间符合倒数关系，即 $p_0 - p_i$ 随着 x_i 的增加而增加，但当 x_i 增至一定水平时，大气中污染物浓度逐渐接近于背景浓度（ρ），因此有：

$$p_0 - p_i = \rho - \frac{\sigma}{\dfrac{g_i x_i}{g_i + \sum_{j \neq i} T_{ji}}} = \rho - \frac{\sigma}{x_i}\left(1 + \frac{\sum_{j \neq i} T_{ji}}{g_i}\right), i \in \mathrm{I} \tag{2}$$

其中，ρ 为大气环境污染物背景浓度，σ 为地区 i 的污染治理水平对本地区大气环境中污染物浓度变化量（$p_0 - p_i$）的影响水平。

在此基础上，借鉴李等（Li et al.，2004）的做法，采用大气污染流行病学研究中常用的暴露－反应函数模型的线性展开式来衡量任意地区 i 污染治理所降低的人群健康损害为：

$$\Delta E_i = \sum_{j \in \mathrm{J}} \sum_{k \in \mathrm{K}} s_{ijk} h_{ijk} \beta_{ijk} (p_0 - p_i)$$

$$= \sum_{j \in \mathrm{J}} \sum_{k \in \mathrm{K}} s_{ijk} h_{ijk} \beta_{ijk} \left(\rho - \frac{\sigma}{x_i} - \frac{\sum_{j \neq i} \sigma T_{ji}}{g_i x_i}\right), i \in \mathrm{I} \tag{3}$$

其中，s_{ijk} 表示 i 地区第 j 年龄组中第 k 疾病患者群的人口数量，h_{ijk} 表示 i 地区第 j 年龄组中第 k 疾病患者群的死亡基线值，β_{ijk} 表示 i 地区第 j 年龄组中第 k 疾病患者群的暴露－反应系数，s_{ijk}、h_{ijk} 和 β_{ijk} 为常数。

2. 污染去除成本函数

曹东等（2009）建立了反映污染去除成本与废气处理量、去除率三者之间关系的去污成本计量模型。借鉴曹东等和世界银行关于污染去除成本函数的相关研究结论，可建立地区 i 污染物年去除率（污染物年去除量占污染物年产生量的百分比 $x_i = r_i / g_i$）、污染物排放载体（废气排放量 w_i）与污染去除成本（rc_i）之间的函数关系：

$$rc_i = \delta_i (w_i)^{\theta_{1i}} (x_i)^{\theta_{2i}} \tag{4}$$

3. 就业函数

勃林格等（Böhringer et al.，2012）将大气污染去除视为非生产投入要素纳入 Cobb－Douglas 生产函数模型，研究了污染去除与各地区的就业量之间的关系。本文在勃林格等（2012）的研究基础上进行改造，将污染去除率（x_i）作为非生产投入要素，同时将劳动力投入量（L_i）、技术水平（A_i）、资本存量（K_i）和经济发展水平（Y_i）作为生产投入要素。由此，可应用 Cobb-

Douglas 生产函数关系模型得到：

$$Y_i = A_i^{b_1} K_i^{b_2} L_i^{b_3} x_i^{b_4} \tag{5}$$

其中，b_1，b_2，b_3 和 b_4 为弹性系数，其值介于 0 和 1 之间。

式（5）通过对数变换，可得：

$$L_i = e^{\gamma_0} A_i^{\gamma_1} K_i^{\gamma_2} Y_i^{\gamma_3} x_i^{\gamma_4} \tag{6}$$

其中，$\gamma_1 = -\dfrac{b_1}{b_3}$，$\gamma_2 = -\dfrac{b_2}{b_3}$，$\gamma_3 = -\dfrac{1}{b_3}$，$\gamma_4 = -\dfrac{b_4}{b_3}$。

（二）多元主体利益视角下的区域协同治污合作博弈模型构建

1. 多元主体利益视角下的大气污染区域协同治理优化模型

污染治理的最终目的是减少污染对人口健康的损害，因此区域污染物去除对应的人口健康损害降低量越大越好。由此可得，减缓的健康损害最大化目标为：

$$\max_{x_i, T} \Delta E = \sum_{i \in I} \sum_{k \in K} S_{ijk} \, h_{ijk} \, \beta_{ijk} \, \varphi_i \left(\rho - \frac{\sigma}{x_i} - \frac{\sum_{j \neq i} \sigma \, T_{ji}}{g_i \, x_i} \right) \tag{7}$$

同时，对区域协同监管机构而言，整个区域 I 的污染去除成本越低越好，以利于地区经济发展，同时节约治污成本，也降低了治污企业的压力，有利于污染企业积极治污减排。整个区域的污染去除成本为区域内各个地区的污染去除成本之和。区域 I 通过优化调整各地区的污染去除率，实现区域污染治理成本最小化目标：

$$\min_{x_i} \sum_{i \in I} rc = \sum_{i \in I} \delta_i (w_i)^{\theta_{1i}} (x_i)^{\theta_{2i}} \tag{8}$$

对于区域 I 而言，希望整个区域的就业量越大越好。整个区域的就业量等于各地区的就业量总和。那么区域 I 的就业量最大化目标为：

$$\max_{x_i} L = \sum_{x_i \in I} e^{\gamma_0} A_i^{\gamma_1} K_i^{\gamma_2} Y_i^{\gamma_3} x_i^{\gamma_4} \tag{9}$$

对于任意地区 $i \in I$，其排放在本地的污染物总量应在其大气环境容量的承受范围内，因此可得约束条件：

$$g_i (1 - x_i) \leqslant v_i, i \in I \tag{10}$$

对整个区域 I 而言，其污染物排放总量不能超过整个区域的环境容量 π_i。区域 I 的污染排放量等于各地区污染排放总和，即有约束条件：

$$\sum_{i \in I} g_i (1 - x_i) \leqslant \pi_i \tag{11}$$

各个地区污染由于经济发展水平、资金投入水平、技术条件等方面存在很大差异，导致它们的污染去除能力各不相同。一方面，当一个地区 $i \in I$ 的污染物去除设备满负荷运行时，其污染物去除率可达上限水平 $\bar{a}_i$，但不可能将产生的污染物全部去除，即 $\bar{a}_i < 1$；另一方面，地区 i 的污染去除设备无论载荷如何，总能或多或少去除一部分本地污染，污染物去除能力下限以 $\underline{a}_i$ 表示，那么可获得如下污染物去除能力的约束条件：

$$0 < \underline{a}_i \leqslant x_i \leqslant \bar{a}_i < 1 \tag{12}$$

同时，各地区大气环境中污染物浓度降低量应不低于国家根据参考年份设定的污染物浓度降低指标值（τ_i），因此对于任意地区 $i \in I$，其污染物去除率符合如下约束条件：

$$\rho - \frac{\sigma}{x_i} \geqslant \tau_i \tag{13}$$

相应地，区域 I 的大气环境中污染物浓度改善水平应达到或超过国家为之设定的浓度降低指标（ψ）要求。区域 I 的污染物浓度降低量近似于各地区污染物浓度平均降低量。由此可得到如下约束条件：

$$\frac{1}{m} \sum_{i \in I} \left(\rho - \frac{\sigma}{x_i} \right) \geqslant \psi \tag{14}$$

综上，区域 I 内各地区之间针对某种大气污染物进行协同治理问题，可建立如下多目标非线性优化模型，通过优化各地区的污染物去除率，达到节约成本、减少健康损害和不影响区域就业的目的，同时完成国家为整个区域设定的污染物总量减排和空气质量改善的目标。所建立的各地区最优污染去除率模型为：

$$\begin{cases} \min_{x_i} rc = \sum_{i \in I} \delta_i (w_i)^{\theta_{1i}} (x_i)^{\theta_{2i}} \\ \max_{x_i} L = \sum_{i \in I} e^{\gamma_0} A_i^{\gamma_1} K_i^{\gamma_2} Y_i^{\gamma_3} x_i^{\gamma_4} \\ \max_{x_i} \Delta E = \sum_{i \in I} \sum_{k}^{q} S_{ijk} h_{ijk} \beta_{ijk} \varphi_i \left(\rho - \frac{\sigma}{x_i} - \frac{\sum_{j \neq i} \sigma T_{ji}}{g_i x_i} \right) \end{cases} \tag{15}$$

$$\text{s. t.}\begin{cases} g_i(1 - x_i) \leqslant v_i, i \in \mathrm{I} \\ \sum_{i \in \mathrm{I}} g_i(1 - x_i) \leqslant \pi_i \\ 0 < \underline{a}_i \leqslant x_i \leqslant \bar{a}_i < 1, i \in \mathrm{I} \\ \rho - \dfrac{\sigma}{x_i} \geqslant \tau_i, i \in \mathrm{I} \\ \dfrac{1}{m} \sum_{i \in \mathrm{I}} \left(\rho - \dfrac{\sigma}{x_i} \right) \geqslant \psi \end{cases}$$

2. 多元主体利益视角下的大气污染区域协同收益分配模型

污染治理减少的区域人口健康损害可转化为等价的经济收益（B），B 值可用降低的人口健康损害总量乘以单位人群健康损害降低对应的货币价值（$\overline{\omega}$）来衡量，即：

$$B_1 = \overline{\omega} \sum_{i \in \mathrm{I}} \Delta E \tag{16}$$

相对于行政 – 命令手段下的属地模式（就业量为 lc_0），协同合作模式下就业量的增加也可作为大气污染治理所带来的收益，区域内各地区就业量增加的收益对应的货币价值（B_2）等于区域内各地区单位就业量的货币价值（μ）与区域大气污染合作治理博弈模型下所增加的区域就业总量的乘积：

$$B_2 = \mu \sum_{i \in \mathrm{I}} (lc_i - lc_0) \tag{17}$$

由此，多元主体利益视角下的区域大气污染治理的综合成本（tc）等于区域污染去除成本 rc 减掉 B_1 和 B_2 两部分收益，即：

$$tc = rc - B_1 - B_2 \tag{18}$$

与采用行政命令手段的属地治理模型相比，区域合作治污所获得的合作收益（v）等于属地模式与合作模式下对应的区域污染综合治理成本 $tc_{属地}$ 与 $tc_{协同}$ 之差，合作收益 v 包含三个方面：节约的区域污染物去除成本、减少的区域人群健康损害对应的经济收益以及增加的就业对应的经济价值。

$$\begin{aligned} v &= tc_{属地} - tc_{协同} \\ &= (rc_{属地} - rc_{协同}) + (B_{1协同} - B_{1属地}) + (B_{2协同} - B_{2属地}) \end{aligned} \tag{19}$$

各地区都希望自己能获得尽量多的收益，因此如何科学合理地分配协同收益（v）成为合作治污能否长效开展的关键。在合作博弈理论中，Shapley 值法是一种较为合理的合作收益分配方法，该方法既非平均分配，也不是按投资费用比例进行分配，而是根据合作各方在合作收益产生过程中的贡献对合作收益进行分配，具有一定的科学性，因此在流域污染管理、大气合作治理等方面获得了广泛应用。本文运用 Shapley 值法，按照各地区在协同治污过程中的贡献将合作收益进行合理分配。

对于包含 m 个地区的区域 I，由各地区构成的集合记为 $I = \{1, 2, \cdots, m\}$，记 s 为集合 I 的任一子集，若任意 s 都对应着一个实值函数 $v(s)$，满足条件 $v(\emptyset) = 0$，$v(s_i \cup s_j) \geqslant v(s_i + s_j)$，其中 $v(s_i \cap s_j) = \emptyset$，则称 $[I, v]$ 为 m 个地区的合作对策，v 为对策的特征函数，$v(s)$ 称为地区合作联盟 s 的合作收益值。Shapley 值由特征函数 v 确定，记 $Y = (y_1, y_2, \cdots, y_m)$ 为区域合作博弈的分配策略，其中对任意地区 i，其参与区域合作时所获得的收益 $y_i(v)$ 为：

$$y_i(v) = \sum_{s_i \in I} \lambda(|s|)[v(s) - v(s \backslash i)] \tag{20}$$

其中，$\lambda(|s|)$ 是加权因子，$|s|$ 代表联盟 s 中参与协同治污的地区个数。$v(s_i \backslash i)$ 表示 i 地区不参与合作时联盟获得的合作收益，则 $v(s) - v(s \backslash i)$ 表示当地区 i 不参加协同合作治污时对联盟 s 的收益值影响，反映了地区 i 对联盟 s 合作收益的贡献水平。地区 i 以随机形式参与联盟 s 协同治污的概率为 $\dfrac{(m - |s|)!(|s| - 1)!}{m!}$，那么地区 i 在合作收益分配中的加权因子为：

$$\lambda(|s|) = \frac{(m - |s|)!(|s| - 1)!}{m!} \tag{21}$$

五、实证研究

本文以我国区域经济发达、人口稠密、大气污染联防联控重点区域之一的长三角区域为例进行实证研究。长三角区域的上海、江苏、浙江和安徽经济发展水平、产业结构、人口分布差异比较大，具有较强的优势互补特征，因此本文以长三角区域内四省份为典型案例进行实证分析，有利于本文激励机制模型的推广应用。由于冬季盛行西北风、夏季盛行东南风，除西北部的河南省可能会在冬季西北风作用下对本区域产生一定的污染之外，周围其余省份对该区域的污染输入影响较小。因此，长三角可视为一个比较理想的"大泡泡",泡泡内的污染排放可在各省市间传输,只要整个"泡泡"的总排放不超过国家设定的排放指标,即认为该区域的环境空气质量满足国家标准。

在本实证案例中,$i \in I = \{1, 2, 3, 4\} = \{$上海,江苏,浙江,安徽$\}$。以工业二氧化硫为例,谢等(Xie et al.,2016)的去污成本计量模型反映了各地区污染物去除成本与废气总排放量和污染去除率之间存在非线性函数关系。受各地区污染物年减排量统计数据的连续性和可获得性影响,本文采用中国环境统计年鉴公开发布的 11 年(2003 ~ 2013 年)统计数据,拟合估计了关键参数。上海、江苏、浙江、安徽四省份的污染去除成本函数如下:

$$上海:rc_1 = 302978.69x_1^{2.401}$$

$$江苏:rc_2 = 959276.23x_2^{2.142}$$

$$浙江:rc_3 = 737914.09x_3^{2.724}$$

$$安徽:rc_4 = 336671.2x_4^{3.841}$$

长三角区域的污染去除成本函数为:

$$rc = 302978.69x_1^{2.401} + 959276.23x_2^{2.142} + 737914.09x_3^{2.724}$$
$$+ 336671.2x_4^{3.841} \tag{22}$$

为建立代表各省份污染治理减缓的公众健康损害函数 $h(x_i) = \varphi_i \sigma + \dfrac{\varphi_i e_i}{g_i x_i} \sigma$,本文按年龄将人口分为 0 ~ 14 岁、15 ~ 59 岁和 60 岁以上三个年龄组,即 $j \in J = \{1, 2, 3\} = \{0 \sim 14$ 岁$,15 \sim 59$ 岁$,60$ 岁以上$\}$。环境污染对公众造成的长期健康损害远大于短期损害,其中最为显著的健康损害结局是死亡(EPA,1999)。因此,本文以呼吸系统疾病过早死亡(mortality due to respiratory diseases,MRD)和心血管疾病过早死亡(mortality due to cardiovascular diseases,MCD)为例,衡量污染治理减缓的健康损害,即 $k \in K = \{1, 2\} = \{$MCD,MRD$\}$。由于上海、江苏、浙江、安徽四省份地域毗邻,人口身体素质相当,可近似认为四省份 MCD 和 MRD 的基线死亡率相同、污染物浓度剂量 - 反应系数(β_{ijk})相同。鉴于数据的可得性,四省份均采用合肥市的健康基线数据,即 $h_{ijk} = h_{4jk}$。四省份 β_{ijk} 值均采用王慧文和潘秀丹(2002,2008)和张等(Zhang et al.,2011)的研究成果。2012 年,各省份各年龄组人口数量与参数 h_{ijk}、β_{ijk} 的具体值如表 2 所示。

由于缺乏历年来各地区污染净输入 $\sum\limits_{j \neq i} T_{ji}$ 数据,无法准确估计各地区的

σ_i 值，本文以谢等（2016）基于四省份 11 年（2003～2013 年）统计数据估计的 σ 值近似代替，忽略因污染跨界传输的存在导致的污染治理的外部性 $\dfrac{t\sum\limits_{j\neq i} T_{ij}}{g_i x_i}$。由此计算任意省份 i 对应的 $\varphi_i = \sum\limits_{j\in J}\sum\limits_{k\in K} s_{ij} h_{ijk} \beta_{ijk}$ 和 $h(x_i) = \varphi_i \sigma + \dfrac{\varphi_i e_i}{g_i x_i}\sigma$ 的值如表 3 所示，其中，e_i 为根据《重点区域大气污染防控"十二五"规划》为各省份设定的五年减排配额指标平均分摊。[①]

表 2　　　　　　　　　　相关参数取值汇总

年龄组	h_{4jk} （1/100000）		β_{ijk} （% 每 50 μg/m³）		s_{ij} （10^4 人）			
	h_{4j1}	h_{4j2}	β_{ij1}	β_{ij2}	s_{1j}	s_{2j}	s_{3j}	s_{4j}
0～14 岁	0.86	6.01	18.82	10.23	209.72	993.87	638.12	1266.52
15～59 岁	45.79	7.21	9.54	10.23	1761.99	5670.57	3691.03	4802.41
60 岁以上	1650.29	682.81	8.14	4.66	408.72	889.04	470.24	833.76

表 3　　　　各省份 2012 年工业二氧化硫污染治理对应的健康效益函数

省份	φ_i	σ_i	$h_i(x_i)$
上海	154.14	2.962	$456.56 + \dfrac{133.64}{x_1}$
江苏	354.88	5.593	$1984.86 + \dfrac{609.27}{x_2}$
浙江	194.95	6.898	$1344.74 + \dfrac{392.54}{x_3}$
安徽	328.07	11.43	$3749.86 + \dfrac{810.34}{x_4}$

对于就业函数，将式（6）两边同时取对数可得：$\ln L_i = \gamma_0 + \gamma_1 \ln A_i + \gamma_2 \ln K_i + \gamma_3 \ln Y_i + \gamma_4 \ln x_i$，应用 IBM SPSS 21.0 对上海、江苏、浙江、安徽四省份 2000～2017 年的统计数据进行线性回归（缺失值按对剔除），得到 γ_0、γ_1、γ_2、γ_3、γ_4 五个参数的估计值，具体如表 4 所示。

---

① http://en.cleanairchina.org/product/6285.html.

表 4 长三角四省份就业函数拟合结果

省份	γ_0	γ_1	γ_2	γ_3	γ_4	R^2	t-test
上海	-8.41	-0.27	1.87	0.27	0.85	0.971	85.96^{**}
江苏	8.52	0.01	0.02	-0.03	0.04	0.972	87.77^{**}
浙江	8.12	0.02	-0.05	0.04	0.23	0.967	74.25^{**}
安徽	6.99	-0.03	0.03	0.15	0.03	0.996	556.32^{**}

注：$**$ Sig. <0.01。

由此，长三角区域内上海、江苏、浙江、安徽四省份 2012 年就业量与工业二氧化硫去除率之间的函数关系式分别为：

$$上海：L_1 = 1564.25x_1^{0.85}$$

$$江苏：L_2 = 4834.04x_2^{0.04}$$

$$浙江：L_3 = 4093.11x_3^{0.23}$$

$$安徽：L_4 = 4474.96x_4^{0.03}$$

长三角区域的就业量函数为：

$$L = 1564.25x_1^{0.85} + 4834.04x_2^{0.04} + 4093.11x_3^{0.23} + 4474.96x_4^{0.03} \quad (23)$$

（一）长三角区域污染物去除率优化模型

根据《重点区域大气污染防治"十二五"规划》中所设定的 2011～2015 年长三角区域内四省份的二氧化硫减排目标和空气环境中污染浓度降低指标任务，参照 2010 年的基准数据平均分摊至五年，由此可得：截至 2012 年底，上海、江苏、浙江、安徽四省份的二氧化硫排放量应比 2010 年排放量分别降低 13.7%、14.8%、13.3%、6.1%。将各参数值代入前文所建理论模型，可得长三角区域四省份污染最优去除率模型为：

$$\begin{cases} \min\limits_{x_i} rc = 302978.69x_1^{2.401} + 959276.23x_2^{2.142} + 737914.09x_3^{2.724} \\ \qquad\qquad + 336671.2x_4^{3.841} \\ \max\limits_{x_i} L = 1564.25x_1^{0.85} + 4834.04x_2^{0.04} + 4093.11x_3^{0.23} + 4474.96x_4^{0.03} \\ \max\limits_{x_i} \Delta E = 7536.02 + \dfrac{133.64}{x_1} + \dfrac{609.27}{x_2} + \dfrac{392.54}{x_3} + \dfrac{810.34}{x_4} \end{cases} \quad (24)$$

$$\text{s. t.} \begin{cases} x_1 \geqslant 60.94\% \\ x_2 \geqslant 59.79\% \\ x_3 \geqslant 61.85\% \\ x_4 \geqslant 71.21\% \\ 40\% \leqslant x_i \leqslant 90\% \\ 73.87x_1 + 322.01x_2 + 216.75x_3 + 215.55x_4 \geqslant 597.87 \\ x_1 \geqslant 44\% \\ x_2 \geqslant 68.44\% \\ x_3 \geqslant 62.7\% \\ x_4 \geqslant 88.45\% \\ \dfrac{3.323}{x_1} + \dfrac{5.874}{x_2} + \dfrac{7.189}{x_3} + \dfrac{12.641}{x_4} \leqslant 46.394 \end{cases}$$

为科学求解上述多目标优化模型,本文首先采用权重法进行处理。张等(2008)研究评估表明,平均减少一例过早死亡相当于获得 52.7 万元的经济收益。基于此,可将健康损害目标与污染去除成本目标加权,前者的权重则是单位人口健康降低量对应的经济价值,即 52.7 万元。由此,可将模型转变双目标优化模型,在此基础上采用乘除法进行求解。

$$\max_{x_i} L = \frac{L}{C} \tag{25}$$

然后,采用 Matlab 14.0 软件进行求解转化后的单目标优化模型,得到上海、江苏、浙江、安徽四省份的污染物最优去除率(x_i^*)分别是:62.09%、68.84%、63.43%、89.46%。与属地模式下上海、江苏、浙江、安徽的70.73%、69.31%、70.81% 和 76.62% 相比,上海、江苏和浙江的污染最优去除率在不同水平上有所下降,安徽省的最优去除率大幅上升,邻近污染去除率的最大边界值。这是由于考虑了公众健康损害、区域就业量和污染去除成本后进行优化的结果。根据最优去除率计算整个区域以及各省份的污染物去除量(r_i)、减少的健康损害(ΔE_i)、污染物去除成本(rc_i)、就业量(L_i)的结果如表 5 所示。由表 5 可知,合作博弈模型和属地治理模型在均完成国家为区域设定的污染物去除任务、空气质量改善指标的前提下,合作博弈模型需要花费96.06 亿元的污染物去除成本,与属地治理模型下的97.85 亿元相比,可节省1.8%,约为 1.8 亿元;同时,合作博弈模型可为整个区域避免4047 例心血管疾病和呼吸系统疾病过早死亡,比属地治理模型多避免12%,

约为 430 例；但合作博弈模型下，整个区域的就业量比实际增加了 2.2%，约为 179 万人。根据 2012 年上海、江苏、浙江、安徽四省份的平均工资，计算其就业量增加带来的经济收益，分别为 −445.2 亿元、7.8 亿元、−19.2 亿元、759.6 亿元，整个区域就业收益约为 306.4 亿元。由此可知，本文提出的协同收益模型无论在节约污染物去除成本、减少健康损害方面，还是在增加区域就业方面，均比属地模型具有较大的优势。

表 5   **合作博弈模型与属地治理模型对比分析**

省份	合作博弈模型					属地治理模型				
	x_i^* (%)	r_i (万吨)	ΔE_i (人)	rc_i (万元)	L_i (万人)	x_i (%)	r_i (万吨)	ΔE_i (人)	rc_i (万元)	L_i (万人)
上海	62.09	45.87	1081	96484	1043	70.73	52.25	1182	131931	1115.5
江苏	68.84	221.67	684	431121	4762	69.31	223.17	704	437387	4759.5
浙江	63.43	137.49	572	213529	3686	70.81	153.48	799	288171	3691.2
安徽	89.46	192.83	1709	219489	4460	76.62	168.97	932	121050	4206.8
合计	—	597.90	4047	960623	13952	—	597.90	3617	978538	13773.1

表 6 对比了合作博弈模型和属地治理模型下各省份不同年龄组中 MRD 和 MCD 减少量。显然，合作博弈模型减少的 MRD 和 MCD 数量均比属地治理模型多。在两种模式下，60 岁以上老年人均是 3 个年龄组群体中获益最多的，这一结果与现有流行病学研究的结论一致（Wang et al.，2002，2008；Zhang et al.，2011）。此外，在两种模型中，MCD 的降低量均高于 MRD，说明污染治理对心血管患者群体的防护效果比 MRD 更显著，这与 WHO（2014）的研究结论一致。事实上，这是两种疾病自身的特点决定的。心血管疾病的特点是发病率高、致死率高、复发率高，而呼吸系统疾病急性发病率和致死率相对较低。由表 6 可知，在 15 ~ 59 岁人群中，两种治污模型所挽救的 MCD 均比 MRD 多，而 0 ~ 14 岁人群则恰好相反。合作博弈模型所挽救的 15 ~ 59 岁、60 岁以上两个年龄组人群死亡总量均高于属地治理模型，其中 60 岁以上人群受益最为显著。

表 6   **合作博弈模型与属地治理模型所减少的公众健康损害对比**

省份	年龄组	合作博弈模型			属地治理模型		
		MCD	MRD	小计	MCD	MRD	小计
上海	0 ~ 14 岁	0	2	2	1	2	3
	15 ~ 59 岁	108	19	127	119	20	139
	60 岁以上	770	182	953	842	199	1041

续表

省份	年龄组	合作博弈模型			属地治理模型		
		MCD	MRD	小计	MCD	MRD	小计
江苏	0~14 岁	1	2	3	1	2	3
	15~59 岁	96	16	112	99	17	116
	60 岁以上	460	109	569	473	112	585
浙江	0~14 岁	1	2	3	1	3	4
	15~59 岁	95	16	111	132	22	154
	60 岁以上	371	88	459	517	123	640
安徽	0~14 岁	2	8	10	1	4	5
	15~59 岁	219	37	256	120	20	140
	60 岁以上	1166	276	1443	636	151	787
合计		3290	757	4047	2914	676	3617

　　图3对比了两种模型下就业量情况，合作博弈模型由于综合考虑公众健康损害、就业量和污染去除成本等因素，四省份污染物去除率相对于属地治理模型进一步优化，因此各地区就业量相应地有所变化，其中较为明显的是上海市和安徽省，其就业量分别比属地治理模型降低6.5%和提高6.02%，江苏省和浙江省就业量略有变化，但幅度相对较小。综合作用下，整个区域的就业量比属地治理模型提高了1.3%。由此可见，长三角区域在协同治理大气污染的同时，还能通过空间资源的再配置，激发区域发展的潜能，促进人口和资源的要素集聚，提高劳动、资本等要素资源在区域内的利用效率和周

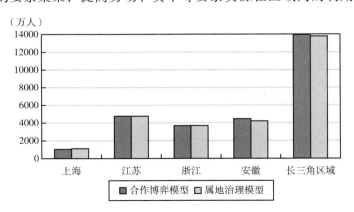

图3　合作博弈模型与属地治理模型下各地区就业量对比

资料来源：根据实证结果绘制整理。

转速度，进一步加强区域间的技术关联和经济联系，通过降低资源利用成本，提高区域内各省份的经济利益和社会效益。

（二）基于 Shapley 值法的区域协同收益分配方案

根据各省份最优去除率数据，可计算包含污染物去除成本节约、减少公众健康损害收益、增加区域就业收益三方面的协同收益，约为 306.4 亿元。在长三角区域，由上海、江苏、浙江、安徽四省份可组成 12 种合作联盟，根据前文所构建的基于 Shapley 值法的协同收益分配模型，计算四省份的收益 $y_i(v)$，其中上海市的合作收益分配过程如表 7 所示。$y_{沪}(v) = 3.6 + 0.8 + 10.6 + 4.1 + 11.1 + 7.7 + 21.6 = 59.5$，即上海市可获得 59.5 亿元的协同收益。同理，根据江苏省、浙江省、安徽省（见表 8 至表 10）在协同治污过程中的贡献，可分配得到的协同收益分别为 15.4 亿元、95.9 亿元、135.7 亿元。

表 7　上海市协同收益分配　单位：亿元

函数	（沪）	（沪苏）	（沪浙）	（沪皖）	（沪苏浙）	（沪苏皖）	（沪浙皖）	（沪苏浙皖）
$v(s)$	0	43.2	9.3	127.8	77.2	144.9	304.0	306.4
$v(s\backslash\{沪\})$	0	0	0	0	27.9	12.3	211.1	220.1
$v(s) - v(s\backslash\{沪\})$	0	43.2	9.3	127.8	49.3	132.6	92.9	86.3
$|s|$	1	2	2	2	3	3	3	4
$w(|s|)$	1/4	1/12	1/12	1/12	1/12	1/12	1/12	1/4
$w(|s|)[v(s) - v(s\backslash\{沪\})]$	0	3.6	0.8	10.6	4.1	11.1	7.7	21.6

表 8　江苏省合作收益分配　单位：亿元

函数	（苏）	（苏沪）	（苏浙）	（苏皖）	（苏沪浙）	（苏沪皖）	（苏浙皖）	（沪苏浙皖）
$v(s)$	0	43.2	27.9	12.3	77.2	144.8	220.1	306.4
$v(s\backslash\{苏\})$	0	0	0	0	9.31	127.8	211.1	304.0
$v(s) - v(s\backslash\{苏\})$	0	43.2	27.9	12.3	67.9	17	9	2.4
$|s|$	1	2	2	2	3	3	3	4
$w(|s|)$	1/4	1/12	1/12	1/12	1/12	1/12	1/12	1/4
$w(|s|)[v(s) - v(s\backslash\{苏\})]$	0	3.6	2.3	1.0	5.7	1.4	0.8	0.6

表 9   浙江省合作收益分配   单位：亿元

函数	（浙）	（浙沪）	（浙苏）	（浙皖）	（浙沪苏）	（浙沪皖）	（浙苏皖）	（浙沪苏皖）
$v(s)$	0	9.3	27.9	211.1	77.2	304.0	220.1	306.4
$v(s\backslash\{浙\})$	0	0	0	0	43.2	127.8	12.3	144.8
$v(s)-v(s\backslash\{浙\})$	0	9.3	27.9	211.1	34	176.2	207.8	165.7
$\lvert s\rvert$	1	2	2	2	3	3	3	4
$w(\lvert s\rvert)$	1/4	1/12	1/12	1/12	1/12	1/12	1/12	1/4
$w(\lvert s\rvert)[v(s)-v(s\backslash\{浙\})]$	0	0.8	2.3	17.6	2.8	14.7	17.3	40.4

表 10   安徽省合作收益分配   单位：亿元

函数	（皖）	（皖沪）	（皖苏）	（皖浙）	（皖沪苏）	（皖沪浙）	（皖苏浙）	（皖沪苏浙）
$v(s)$	0	127.8	12.3	211.1	144.9	304.0	220.1	306.4
$v(s\backslash\{皖\})$	0	0	0	0	43.2	9.3	27.9	77.2
$v(s)-v(s\backslash\{皖\})$	0	127.8	12.3	211.1	101.7	294.7	192.2	229.2
$\lvert s\rvert$	1	2	2	2	3	3	3	4
$w(\lvert s\rvert)$	1/4	1/12	1/12	1/12	1/12	1/12	1/12	1/4
$w(\lvert s\rvert)[v(s)-v(s\backslash\{皖\})]$	0	10.7	1.0	17.6	8.5	24.6	16.0	57.3

由此可知，上海、江苏、浙江、安徽四省份通过协同合作，不仅完成了国家为之制定的区域总量减排 597.9 万吨的目标任务和各省份污染物浓度降低指标，而且协同合作为各省份均带来显著的合作收益，不仅节省了大量的污染物去除成本，而且显著降低了区域污染带来的公众健康损害，更可喜的是显著促进了区域就业量，协同合作治污收效显著。通过科学评估各省份在协同合作治污过程中的贡献，各省份获得合作收益，能够激励其积极参与协同治污，建立区域协同合作联盟，从而形成科学高效的多元共治局面。

（三）敏感性分析

实证分析中，参数 $\underline{a}_i$、$\overline{a}_i$ 和 σ_i 是参照赵等（2013）和谢等（2016）的做法，分别赋予 0.4、0.9 和 1.3 进行分析。为检验这三个参数变化对模型实证结果的影响，分别针对各参数进行了灵敏度分析，结果如表 11 所示。

表11

不同参数组合下的模型效果分析

$[\underline{a_i}, \bar{a_i}, \sigma_i]$	上海			江苏			浙江			安徽			降低率（%）		
	ΔE_1（万人）	rc_1（亿元）	ΔL_1（万人）	ΔE_2（万人）	rc_2（亿元）	ΔL_2（万人）	ΔE_3（万人）	rc_3（亿元）	ΔL_3（万人）	ΔE_4（万人）	rc_4（亿元）	ΔL_4（万人）	ΔE	rc	ΔL
[0.4, 0.9, 1.3]	0.11	9.65	−72	0.07	43.11	3	0.06	21.35	−5	0.17	21.95	253	11.9	1.8	2.2
[0.3, 0.9, 1.3]	0.11	9.65	−72	0.07	43.11	3	0.06	21.35	−5	0.17	21.95	253	11.9	1.8	2.2
[0.5, 0.9, 1.3]	0.11	9.65	−72	0.07	43.11	3	0.06	21.35	−5	0.17	21.95	253	11.9	1.8	2.2
[0.6, 0.9, 1.3]	0.11	9.65	−72	0.07	43.11	3	0.06	21.35	−5	0.17	21.95	253	11.9	1.8	2.2
[0.4, 0.8, 1.3]	0.13	17.73	178	0.13	46.83	10	0.06	20.69	−15	0.12	14.29	238	11.6	−1.7	13.0
[0.4, 0.85, 1.3]	0.11	9.22	−89	0.84	48.29	13	0.05	20.69	−15	0.15	18.03	246	8.3	1.7	1.3
[0.4, 0.95, 1.3]	0.11	9.65	−72	0.07	43.11	3	0.06	21.35	−5	0.17	21.95	253	11.9	1.8	2.2
[0.4, 0.9, 1.2]	0.11	10.46	−42	0.65	42.11	1	0.62	22.66	14	0.17	21.01	252	11.6	1.7	4.0
[0.4, 0.9, 1.4]	0.10	9.65	−42	0.07	43.11	1	0.06	21.35	14	0.17	21.95	252	11.9	1.8	4.0
[0.4, 0.9, 1.5]	0.10	9.65	−42	0.07	43.11	1	0.06	21.35	14	0.17	21.95	252	11.9	1.8	4.0

$\underline{a_i}$表示污染物去除率的下限，代表省份i的污染物最低去除能力。在本文区域协同治污博弈模型的实证案例中，计算的各省份污染物最优去除率均高于60%。因此，在区间 [0.3，0.6] 内改变$\underline{a_i}$的值进行敏感性分析时，合作博弈模型相对于属地治理模型的优势不受任何影响，ΔE_i、rc_i和ΔL_i均不受$\underline{a_i}$值变化的影响。因此，整个区域健康损害的降低量、污染物去除成本、就业增加量保持不变，$\underline{a_i}$的值在区间 [0.3，0.6] 内改变对合作博弈模型不产生影响。

$\overline{a_i}$表示污染物去除率上限，代表着省份i的污染物去除的最大能力水平。随着$\overline{a_i}$的增加，各地区污染物最优去除率模型的约束条件（13）得到放松。当$\overline{a_i}$值为0.9时，安徽省的污染物最优去除率是89.46%，非常接近于上限值，而其他三省份的最优去除率均低于90%。当$\overline{a_i}$由0.9增至0.95，四省份污染物去除率由于已经达到了全局最优状态，因此状态保持不变。相反，当$\overline{a_i}$由0.90降至0.85，再降到0.80时，意味着约束条件收紧，安徽省的污染物最优去除率分别降至85%和80%，难以达到最初89.46%的最优状态。因此，模型计算结果发生很大的变化，四省份污染物最优去除率得到重新优化配置。在这种情况下，区域合作博弈模型在降低健康损害、成本节约和促进区域就业三个方面，均明显劣于最初$\overline{a_i}=0.9$时的情况，尤其是当$\overline{a_i}$降至0.8时，虽然区域就业从2.2%大幅度上升至13%，但健康效益和成本节约方面明显变差，ΔE从11.9%下降至11.6%，污染物去除成本节约由1.8%降至-1.7%，距离通过协同合作达到促进区域就业、提升公众健康福利和节约污染治理成本的多赢局面相去甚远。因此，在长三角区域内，区域合作博弈模型受$\overline{a_i}$变化的影响非常灵敏，随着$\overline{a_i}$的增加，区域合作收益将增加。

σ_i作为衡量i省份大气环境容量乘子，其值的大小代表着该省份大气环境污染承载能力的大小，直接关系着政府对各省份污染物减排目标的设定。σ_i越大，环境对污染的承载能力越大，意味着该省份接收污染外部输入的潜在空间越大，且该省份面临的污染物减排压力越小。因此，σ_i越大，意味着各省份开展协同合作治污的空间越大，合作博弈模型更易于达到全局最优状态。当σ_i由1.3增至1.4时，合作博弈模型相对于属地治理模型的成本节约和ΔE分别保持在1.8%和11.9%不变，但区域就业增量由2.2%增加至4%。当σ_i由1.4增加至1.5时，模型获得全局最优，模型不再因σ_i增加而发生变化，因此当σ_i增至1.5时，区域合作博弈模型相对于属地治理模型所节约的区域去污成本、减少的死亡人数和促进区域就业三个指标不再变化，分别保持在11.9%、1.8%和4%不变，这是由于模型达到了全局最优状态。但当σ_i由1.3降至1.2时，模型因约束条件收紧而无法达到全局最优状态，因此健康收益、成本节约和促进就业等方面均显著劣于最初 σ_i 取 1.3 时的情况。因此，当 σ_i 大于 1.3 时，区域合作博弈模型对 σ_i 的增加不再灵敏。

六、结论与监管政策

为保障上述协同治污激励机制长效开展，须配套建立相应的监管制度。

首先，建立健全以区域协同治理为主、属地治理为辅的大气环境管理新体制。目前，我国大气污染区域协同治理机制受制于环境的属地管理体制，导致协同进展缓慢，治污效果不理想。要想提升我国大气污染区域协同战略成效，必须兼顾大气资源的自然属性和大气污染治理的社会属性，彻底改变当前属地治理"腿长"、区域协同治理"腿短"的现状，以整个区域为单元对区域大气环境进行统一规划、统一监测、统一监管、统一评估、统一协调。

其次，建立多元主体利益视角下的区域协同治污新机制。本文实证分析充分表明，相对区域协同合作无论在节约治污经济成本、减少健康损害还是保障就业方面，都具有较突出的优势，但若不能兼顾不同主体的利益诉求，仅在当前总量减排和空气质量改善目标下，大气环境治理很难发挥区域协同治污机制的优越性，更难以实现环境效益、经济效益和社会效益的均衡，最终导致协同进展停滞不前，影响区域一体化及可持续发展。

再次，建立权威高效的区域协同监管组织并赋予其充分的权责。区域协同治污横向涉及各个行政区，纵向涉及生态环保、工业、能源、交通、安监等诸多部门。在我国现行的行政管理体制下，职能交叉特征明显的协同治污工作开展，需建立常设性区域监管机构和领导组织，全面负责辖区内大气污染区域协同战略的推进和实施，赋予其立法、执法、监督、处罚等权力，建立健全目标责任制、评估考核制和责任追究制，加强监测体系建设，定期公告，接受社会舆论和公众监督，杜绝协同治污有方案、没措施，有部署、没落实，有考核、没问责等问题的出现，使协同工作流于形式。

最后，建立保障协同治污激励机制长效运行的区域治污补偿管理体系。实证案例表明，参与大气污染区域协同治理前后，各地区经济发展、就业、人口健康等受到不同程度的影响。因此，建立自上而下的跨地区协同治污补偿管理体系是确保激励机制能够长期有效的关键。其中，补偿原则、补偿主体、补偿客体、补偿方式、补偿标准、补偿方案等关键问题，可根据本文合作博弈模型来确定。还需要建立规范化的补偿程序，建立区域统一的经济严惩、政治问责的机制。此外，区域监管部门还应努力建立健全区域排污转移税征管系统、提升区域污染相关数据的统计能力和统计水平、建立区域大气污染信息平台、健全大气污染区域协同治理法律保障体系，以保障激励机制的顺利实施。

参考文献

[1] 曹东, 宋存义, 王金南, 蒋洪强, 李万新, 曹国志. 污染物联合削减费用函数的建立及实证分析 [J]. 环境科学研究, 2009, 22 (3): 371 – 376.

[2] 姜玲, 乔亚丽. 区域大气污染合作治理政府间责任分担机制研究——以京津冀地区为例 [J]. 中国行政管理, 2016 (6): 47 – 51.

[3] 姜玲, 叶选挺, 张伟. 差异与协同: 京津冀及周边地区大气污染治理政策量化研究 [J]. 中国行政管理, 2017 (8): 126 – 132.

[4] 李钢, 董敏杰, 沈可挺. 强化环境管制政策对中国经济的影响——基于 CGE 模型的评估 [J]. 中国工业经济, 2012 (11): 5 – 17.

[5] 李梦洁. 环境规制、行业异质性与就业效应——基于工业行业面板数据的经验分析 [J]. 人口与经济, 2016 (1): 66 – 77.

[6] 李瑞昌. 从联防联控到综合施策: 大气污染政府间协作治理模式演进 [J]. 江苏行政学院学报, 2018 (3): 104 – 109.

[7] 李云燕, 王立华, 殷晨曦. 大气重污染预警区域联防联控协作体系构建——以京津冀地区为例 [J]. 中国环境管理, 2018, 10 (2): 38 – 44.

[8] 李挚萍. 论以环境质量改善为核心的环境法制转型 [J]. 重庆大学学报 (社会科学版), 2017, 23 (2): 122 – 128.

[9] 马骥涛, 郭文. 环境规制对就业规模和就业结构的影响——基于异质性视角 [J]. 财经问题研究, 2018 (10): 58 – 65.

[10] 彭向刚, 向俊杰. 论生态文明建设中的政府协同 [J]. 天津社会科学, 2015 (2): 75 – 78, 154.

[11] 宋海鸥, 王滢. 京津冀协同发展: 产业结构调整与大气污染防治 [J]. 中国人口·资源与环境, 2016, 26 (S1): 75 – 78.

[12] 孙文远, 程秀英. 环境规制对长三角地区就业的影响——基于工业行业技术进步的视角 [J]. 生产力研究, 2017 (9): 79 – 83.

[13] 唐湘博, 陈晓红. 区域大气污染协同减排补偿机制研究 [J]. 中国人口·资源与环境, 2017 (9): 76 – 82.

[14] 王慧文, 潘秀丹. 沈阳市大气二氧化硫污染对呼吸系统疾病死亡率的影响 [J]. 环境与健康杂志, 2008 (10): 762 – 765.

［15］王慧文，潘秀丹．沈阳市空气二氧化碳污染对心血管疾病死亡率的影响［J］．环境与健康杂志，2002，19（1）：50－52．

［16］王金南，宁淼，孙亚梅，杨金田．改善区域空气质量努力建设蓝天中国——重点区域大气污染防治"十二五"规划目标、任务与创新［J］．环境保护，2013，41（5）：18－21．

［17］王金南，宁淼，孙亚梅．区域大气污染联防联控的理论与方法分析［J］．环境与可持续发展，2012，37（5）：5－10．

［18］王清军．区域大气污染治理体制：变革与发展［J］．武汉大学学报（哲学社会科学版），2016，69（1）：112－121．

［19］向延平，陈友莲．跨界环境污染区域共同治理框架研究——新区域主义的分析视角［J］．吉首大学学报（社会科学版），2016，37（3）：95－99．

［20］杨成来．地方政府与社会组织协作治理研究——以贵阳市W区为例［D］．贵州财经大学，2017．

［21］杨丽娟，郑泽宇．我国区域大气污染治理法律责任机制探析——以均衡责任机制为进路［J/OL］．东北大学学报（社会科学版），2017，19（4）：411－417．

［22］赵志华，吴建南．大气污染协同治理能促进污染物减排吗？——基于城市的三重差分研究［J］．管理评论，2020，32（1）：286－297．

［23］周扬胜，刘宪，张国宁，宋旭．从改革的视野探讨京津冀大气污染联合防治新对策［J］．环境保护，2015，43（13）：35－37．

［24］周珍，邢瑶瑶，孙红霞，等．政府补贴对京津冀雾霾防控策略的区间博弈分析［J］．系统工程理论与实践，2017，37（10）：2640－2648．

［25］邹兰，江梅，周扬胜，等．京津冀大气污染联防联控中有关统一标准问题的研究［J］．环境保护，2016，44（2）：59－62．

［26］Agranoff R. Collaborating to Manage：A Primer for the Public Sector［M］．Georgetown University Press，2012．

［27］Ai S.，Qian Z. M.，Guo Y.，et al. Long-term exposure to ambient fine particles associated with asthma：A cross-sectional study among older adults in six low-and middle-income countries［J］．Environmental Research，2019，168：141－145．

［28］Böhringer C.，Moslener U.，Oberndorfer U.，et al. Clean and productive? Empirical evidence from the German manufacturing industry［J］．Res. Policy，2012，41（2）：442－451．

［29］Carnevale C.，Pisoni E.，Volta M. A multi-objective nonlinear optimization approach to designing effective air quality control policies［J］．Automatica，2008，44（6）：1632－1641．

［30］Chen，C.，Liu，C.，Chen，R.，Wang，W.，Li，W.，Kan，H.，Fu，C. Ambient air pollution and daily hospital admissions for mental disorders in Shanghai，China［J］．Science of The Total Environment, 2018 (613): 324 – 330.

[31] Herman D. A. , Wingen L. M. , Johnson R. M. , et al. Seasonal effects of ambient PM2. 5 on the cardiovascular system of hyperlipidemic mice [J]. Journal of the Air & Waste Management Association, 2020, 70 (3): 307 – 323.

[32] Koschmann M. A. , Kuhn T. R. , Pfarrer M. D. A communicative framework of value in cross-sector partnerships [J]. Academy of Management Review, 2012, 37 (3): 332 – 354.

[33] Levin M. H. Getting there: implementing the 'bubble' policy [R]. In: Bardach, E. , Kagan (Eds.), Social Regulation: Strategies for Reform, 1982: 33 – 42.

[34] Li J. , Guttikunda S. K. , Carmichael G. R. , et al. Quantifying the human health benefits of curbing air pollution in Shanghai [J]. Journal of Environmental Management, 2004, 70 (1): 49 – 62.

[35] Molen F. How knowledge enables governance: The coproduction of environmental governance capacity [J]. Environmental Science & Policy, 2018 (87): 18 – 25.

[36] Morelli X. , Rieux C. , Cyrys J. , et al. Air pollution, health and social deprivation: a fine-scale risk assessment [J]. Environmental Research, 2016 (147): 59 – 70.

[37] Sass V. , Kravitz-Wirtz N. , Karceski S. M. , et al. The effects of air pollution on individual psychological distress [J]. Health & Place, 2017 (48): 72 – 79.

[38] Sun Y. , Guo J. The Operation process and genetic mechanism of chinese campaign-style governance model: The case study of APEC blue [J]. American Journal of Industrial & Business Management, 2017: 372 – 385.

[39] Vatn A. Environmental governance-from public to private? [J]. Ecological Economics, 2018, 148: 170 – 177.

[40] Vitkina T. I. , Veremchuk L. V. , Mineeva E. E. , et al. The influence of weather and climate on patients with respiratory diseases in Vladivostok as a global health implication [J]. Journal of Environmental Health Science and Engineering, 2019, 17 (2): 907 – 916.

[41] Walker E. R. The Transitional costs of sectoral reallocation: Evidence from the clean air act and the workforce [J]. Quarterly Journal of Economics, 2013, 4 (128): 1787.

[42] Xie Y. , Zhao L. , Xue J. , et al. A cooperative reduction model for regional air pollution control in China that considers adverse health effects and pollutant reduction costs [J]. Science of the Total Environment, 2016 (573): 458 – 469.

[43] Xue J. , Ji X. , Zhao L. , et al. Cooperative econometric model for regional air pollution control with the additional goal of promoting employment [J]. Journal of Cleaner Production, 2019 (237): 117814.

[44] Xue J. , Zhao L. , Fan L. , et al. An interprovincial cooperative game model for air pollution control in China [J]. Journal of the Air & Waste Management Association, 2015, 65 (7):

818 – 827.

[45] Zhang M., Song Y., Cai X., et al. Economic assessment of the health effects related to particulate matter pollution in 111 Chinese cities by using economic burden of disease analysis [J]. Journal of Environmental Management, 2008, 88 (4): 947 – 954.

[46] Zhang, P., Dong, G., Sun, B., Zhang, L., Chen, X., Ma, N., et al. Long-term exposure to ambient air pollution and mortality due to cardiovascular disease and cerebrovascular disease in Shenyang, China [J]. PLoS One, 2011, 6 (6): e20827.

[47] Zhao L., Xue J., Li C. A bi – level model for transferable pollutant prices to mitigate China's interprovincial air pollution control problem [J]. Atmospheric Pollution Research, 2013, 4 (4): 446 – 453.

我国电力市场评价体系
述评与监管启示[*]

刘　洁　谢倩莹　刘相锋[**]

摘　要　本文以中国电力市场评价体系为研究对象，通过文献评述的方式回顾了发达国家及地区电力市场评价体系的发展历程，并对学术界关于电力市场评价体系内涵、评价方法以及优化方向进行系统述评，最后，分析和归纳了现行电力市场评价体系存在的问题。在此基础上，提出以下五条建议：第一，统筹兼顾，优化和设计电力市场的顶层设计；第二，厘清政府与市场界限，激发市场活力；第三，完善价格形成与信息共享的交易机制；第四，提高监管部门的监管综合能力，完善监管体系；第五，设置可再生能源参与电力市场的地区约束性指标。据此，以期通过对电力市场评价体系构建和优化述评，对今后政府推进电力市场化改革提供借鉴依据和启示。

关键词　电力市场评价体系　机制优化　评价方法　电力市场改革　政府监管

一、引　言

2021 年 10 月，国家发展改革委颁布了《关于进一步深化燃煤发电上网电价市场化改革的通知》，这反映了新一轮电力市场化改革在发电侧和用户侧两个方面取得了重要进展，实现了真正意义上的"放开两头、管住中间"目标。

＊　国家自然科学基金项目"中国新能源补贴政策评价、精准补贴机制与激励性规制研究"（72003168）。
＊＊　刘洁，浙江财经大学公共管理学院讲师；谢倩莹，浙江财经大学中国政府管制研究院硕士研究生；刘相锋，浙江财经大学中国政府管制研究院副研究员。

但是，对于电力市场化的后续评估和体系构建，仍然需要建立科学的市场评价体系。电力市场综合评价指对有关电力的被评价对象所进行的客观、公正、合理的全面评价，其目的即以电力产业链为研究对象，通过评价属性的定量化测度，实现对评价对象整体水平或功能的量化描述，从而揭示事物的价值或发展规律（何永秀，2011）。电力市场评价对于我国电力市场建设和深化改革有着重要的作用，适时地有效评估可以反映我国电力市场运营和发展状况，并能够及时发现市场运行过程中存在的问题。进一步地，将评价结果作为我国电力市场进一步深化改革的依据，指导我国电力市场下一步发展方向。就目前电力市场实际运行情况看，仍存在着监管机构和人员对电力市场交易机制模糊、电力市场各方信息披露机制不完善以及电力市场评价机制严重缺失等问题（李涛和王盛煜，2018）。因此，在新一轮电力市场化改革契机下，科学建立电力市场的评价体系，并利用科学方法进行评价体系优化和调整将成为保证中国电力行业高质量发展的前提条件。据此，本文尝试对电力市场的评价体系进行全面梳理，归纳和整理发达国家和地区的电力市场评价体系的建立和优化历程，从中发现我国电力市场评价体系中以待完善的不足之处，一方面促进电力市场运营绩效和发展，另一方面也系统整理和归纳出电力市场的理论脉络。

二、发达国家或地区电力市场评价体系的发展历程

从发达国家及地区的实践经验来看，美国、欧盟、英国等发达国家或地区均针对自身电力市场建立了配套的评价体系和评估机制，并随着电力市场的发展不断改革和完善。由此可见，科学构建有效的电力市场综合评价体系对电力市场化改革能否深入推进有着极其重要的作用。

（一）美国

电力市场评价最早起源于对市场力的评估和监管，美国在 1997 年建设 PJM 电力市场，1999 年联邦能源监管委员会（FERC）就颁布 2000 令要求区域输电组织（RTO）必须制定程序对其运营或管理的所有能源市场进行客观监测，以"确定市场设计缺陷，提高效率，减少市场力滥用的机会"。2002年，FERC 又出台了标准市场设计，要求每个 RTO 的市场监测单位（MMU）使用一套核心问题和分析技术来评估市场结构、参与者行为、市场设计和市场力缓解措施。2005 年，FERC 组织各独立系统运营商（ISO）、RTO 等利益

相关者和专家学者共同开发了区域电力市场绩效评价体系。美国评价指标体系各指标比较独立，包括 31 个通用指标，以及针对 ISO、RTO 的 29 个指标和公共事业的 12 个指标，采用分层评价的方法对电力市场进行分析和评价，由 FERC 发布评价报告。从评价机制来看，美国电力市场评价机制目前主要采用第三方独立评价模式，监控分析公司（Monitoring Analytics）负责监测 PJM 市场，剖特麦克经济公司（Potomac Economics）负责监测 MISO、NYISO、ISO-NE 及 ERCOT 市场。如 PJM 市场监测计划还进一步明确了第三方机构在电力市场评价方面的细则，包括监测市场行为合规性，识别市场规则和市场结构是否存在漏洞，市场成员是否存在行使市场力的可能性，监测 PJM 的行为及其对市场结果的影响等方面。美国电力市场评价体系各个指标相对简单、意义明确、计算方便，操作性比较强，也能有效地反映电网及电力市场某一方面的问题，然而缺少对市场整体性能的综合评价（王鹏等，2018）。

（二）英国

英国是世界上最早进行电力工业私有化的国家，20 世纪 90 年代建立了 POOL 电力库模式并采用了基于报价的统一出清市场价格机制，但由于管理过于集中、少数发电商操纵电价导致电价大幅上涨，2002 年英国电力市场模式变更为 NETA 模式，2005 年又将英格兰、威尔士和苏格兰三大区域的电力交易、平衡结算、定价机制等内容进行了统一，发展为 BETTA 模式。2011 年，英国由于受到金融危机、环保低碳等影响，外加大规模可再生能源接入、大量电厂关闭以及电力市场条件未能给予投资发电设施所必须的确定性，因此引入容量市场和差价合同以应对电力市场可能面临容量紧张的局面。由于英国电力市场的发展进程中遭遇了多次挑战，历经 4 次变革，当前英国电力市场监管中不仅采用事后的行为 – 影响测试法来认定和缓解滥用市场力的行为，在市场评价指标体系中也较为关注中长期可持续发展指标。英国电力市场监管机构 Ofgem（office of gas and electricity markets）作为英国电力市场的独立监管机构，主要职责是给消费者提供更公平、更经济和更环保的能源系统，每年向社会发布评价报告。市场的创新性指标如研发和试验经费是否充裕、市场交易技术与模型的创新情况等也被纳入电力市场评价体系中以评估市场投资及可持续发展情况。2013 年，Ofgem 发布了电力零售市场的竞争性评估报告，从短期和长期两个方面构建了零售市场的竞争性评价体系。

（三）欧盟

欧盟委员会（EC）2001 年构建评价体系对欧盟和欧盟各国电力市场改革

的绩效进行了评价（文福栓等，2009）。目前，欧洲电力市场根据其监管的目标，将评价指标体系分为市场竞争指标、非竞争领域指标和可持续发展指标三个模块。市场竞争指标包括发电市场竞争指标、批发市场竞争指标和零售市场竞争指标；非竞争领域指标不仅包含市场力，还将市场设计和市场监管纳入指标体系中，从监管的形式、监管的过程和监管的结果对市场监管进行评价；可持续发展指标从社会、环境和经济三个方面选取，主要评价市场的长期发展情况。欧洲的市场评价体系比美国电力市场指标体系更加全面，不仅可以反映市场的短期运营状况，还通过可持续发展指标检测市场的长期发展状况。

三、关于电力市场评价体系研究的述评

（一）电力市场评价体系的指标研究

关于中国电力市场评价体系的建立研究，学术界可以分为两个阶段：第一阶段是 2002 年《国务院关于印发电力体制改革方案的通知》出台后的电力市场评价体系雏形期；第二阶段是 2017 年之后，电力市场实质运营阶段，这个阶段电力市场评价体系处于调整优化期。

1. 雏形期

2002 年 2 月，《国务院关于印发电力体制改革方案的通知》印发，开始了我国电力市场改革进程。我国电力行业领域的专家学者在电力市场指标体系的构建方面进行了一定研究，形成了电力市场综合评价的基本框架，并结合区域电力市场发展对上海、东北和华东电力市场进行了实践。

刘敦楠等（2004）汲取国外电力市场评价指标体系的经验，结合我国上海电力市场的实际，从市场供需类、市场结构类、供应者地位类、竞标策略类、交易结果类 5 个方面对评价指标进行了介绍，并对指标间的内在关系进行了分析，研究结论表明供应者地位类指标最能反映供应者市场力，市场成交类指标最能反映市场的总体情况，包括市场竞争、市场效率和产生的效益。研究进一步将评价指标体系构建的流程分为评价主题和对象、评价指标选取、指标基准评分，以电力市场竞争性评价为例展示了评价体系构建的流程和方法。刘敦楠等（2005）探究了电力市场评价指标体系构建的原理和方法，定性分析了电力市场各方的评价主题、评价对象和评价标准，定量介绍了聚类分析、主成分分析等统计方法的应用过程。王钦等（2009）提出了我国电力市场评价的概念和评价指标体系构建的原则，在对国外电力市场运营经验研究的基础上，结合我国电力市场的发展水平，从市场结构、市场运营、市场效益、市场安全和市场风险 5 个维度构建了我国电力市场评价指标体系，对选取指标的评价标准和计算进行了介绍。王钦的研究指标体系更为全面，除了包含国际通用的有关市场效益和市场竞争等通用指标，还涵盖了节能减排类、资源优化配置和可持续发展类评价指标，并将电力市场安全和风险评价的相关指标纳入评价体系中，更加全面地反映我国电力市场发展状况，并能对市场发展起到预警作用。文福栓等（2009）对欧美英澳电力市场建设较为成功的四个国家的电力市场改革历程和评价体系进行研究，提出了我国电力市场评价体系建设需要注意的两个问题：一是从社会效益最大化的角度出发着手电力市场评价的问题；二是评价指标的必要性和可操作性问题，给出了电力市场综合评价的八大类指标，即市场结构、市场运营、市场效率、市场效益、市场监管、市场安全、市场风险和市场发展，并进一步提出纵向指标三级化的针对性，一级指标简单明了供用户使用，二级指标供市场专业技术人员，三级指标进行细分供研究人员把握市场趋势。郭磊等（2008）提出了一套完整的电力市场分析评价指标体系框架，包括国际上通用的电力市场评价指标，包括市场供需、市场结构、市场行为、市场绩效、市场效率和市场风险 6 个方面，另外还纳入了适应我国电力市场建设初期阶段的公平性、发展性、开放性、有序性和外部性 5 个方面指标。市场的开放性指标，主要从各级市场开放度和竞争程度，关注地域、行政和电网结构限制所带来的我国电力市场的区域壁垒，市场的外部性指标则涵盖了市场建设进程中的环保、区域经济协调发展等焦点问题。

2. 优化调整期

各省电力市场进展程度存在差异，学者们纷纷结合各省和区域电力市场发展的实际情况，构建省级和区域电力市场评价体系，并采用电力市场实际数据和现实情况进行对比，验证了评价体系的有效性，社会效益评价指标逐步发展成为评价体系的一个维度。刘鸿飞（2018）对国内外电力交易市场评价相关研究进行了总结分析，从交易市场稳定性、交易市场安全性、交易市场有效性、交易市场经济性、交易市场社会效益性 5 个方面构建省级电力交易市场运营管理综合评价体系，市场社会效益指标被引入省级电力市场评价体系，包括清洁能源占比、能效和 GDP 的贡献。另外，他在对常用评估方法进行分析比较的基础上，采用矩估计理论综合集成赋权法和灰色关联分析相结合构建评价模型。在指标选取方面，他从 39 个基础因素指标中运用模糊阈值法对初选指标进行筛选，最终建立了包含 22 个基础指标的省级电力交易市场运营管理评价指标体系。

刘翊枫等（2018）以 SCP 范式理论作为理论依据，基于省级电力市场评价体系的原则，结合湖北电力的实际运营情况，将构建的湖北电力市场评价体系分为 4 个维度：市场结构评价、市场信用评价、市场效益评价以及市场发展评价。李涛和王盛煜（2018）在对我国电力市场发展趋势和存在问题进行分析的基础上，提出了我国电力市场交易评价体系建设的总体思路，并实现了纵向和横向的可比性。他分析指出，在指标体系的构建中要关注到我国各省份电力市场建设的共同点，以实现横向和纵向的可比性。目前我国各省份电力市场的交易种类设置虽然存在较大差异，但是直接交易的方式基本相同，因此指标体系构建应以交易方式为切入点，设立双边协商、集中竞价、挂牌交易等中长期交易指标和日前市场这一短期交易指标，电力市场的价格与电量也应是评价交易效果的主要关注点。他从市场设置、发电侧、售电侧、用户侧、双边协商、集中竞价、挂牌交易、日前交易 8 个准则层模块选取共 28 个评价指标，评价方法上采用灰色关联度与模糊综合评价法相结合，并进一步对云南电力市场 2017 年 7～12 月的电力市场交易进行逐月排名，实现月度纵向可比，通过各模块得分和综合评价分，实现横向各省份电力市场的可比性。初保驹和朱少林（2020）研究认为电力市场评价指标的选取须结合电网实际情况和市场运营规则综合考虑，从主要评估指标和辅助评估指标两方面构建福建电力市场评价体系，并进行季度和年度电力市场运营评价。初保驹和朱少林（2020）提出随着电力市场改革的变化和新的交易品种的出现，应引入市场模拟、博弈论等方法，深入分析指标的联系，进一步加大评价体系的相关研究。段耀辉（2019）结合山西省电力市场运营实际，从市场结构、市场可靠性、市场运营情况、市场效益以及市场预测 5 个维度构建了包含 13 个二级指标和多个三级指标的评价体系，他提出省级电力市场综合评价的设计思路，应在深度分析区域内电力市场运营实际情况的基础上，构建能够提前预警、提高市场效率的电力市场评价体系。史普鑫等（2021）对华北电力市场进行分析，从市场力及市场主体报价行为、市场出清及运行情况、社会效益三个层面构建华北电力调峰市场运行评价指标体系，包括 8 个二级子指标和 13 个三级子指标，并通过采用多层次模糊综合评价法得到综合绩效评价结果。史普鑫进一步完善了社会效益评价类指标，他将社会效益指标分为 4 个二级子指标，包括新能源消纳成本、火电调峰收益、调峰资源大范围配置和调峰成效。

此外，还有学者进一步丰富了电力市场监管体系内容，将其纳入电力市场评价体系中。陈飞等（2017）从我国当前电力市场建设的理念和目标着手，分析我国电力市场存在的问题，将配电网的发展（装备齐全和先进）纳入电力供应稳定的评价指标，调度的合理高效作为供应安全的评价指标，将交易中心的独立地位和职能明确、交易机制因地制宜、交易信息的透明以及调整科学有效作为市场效率机制设计的评价标准，并进一步将普遍服务和政府监管纳入评价指标体系中，提出了包括电力供应、价格机制、市场效率、民生福祉、节能减排和政府监管 6 个维度的电力市场评价指标体系。陈飞对政府监管的评价内容进行了具体说明，包括监管的预警、治理和监管能力 3 个方面，监管能力的评价标准为监管手段的科学先进（激励性监管方面）、监管队伍的数量和质量、监管的法律依据健全和监管机构的独立性。

（二）电力市场评价方法

学术界对电力市场评价方法主要包括了定性理论分析、层次分析、计量统计分析、复合指标体系以及物理领域多领域等方法，这些方法主要是基于产业、电力产品和电力市场主体行为等角度进行构建的，并不断扩展和丰富了电力市场评价方法的理论范畴，实现多学科的融合和交叉。

1. 定性理论分析与层次分析方法

定性理论分析和层次分析方法已经成为电力市场评价体系的主流方法，学者们均在理论分析和层次分析方法的基础上进行不断改进和完善，以求得更好地反映市场的发展情况。王钦等（2009）引入模糊集理论和层次分析法到综合评价指标体系中，以模糊评价法确定指标的隶属度、AHP 法确定各指标的权重，进行了量化的评估，并通过算例对该方法进行了说明。崔和瑞与杨丽（2011）将金融市场有效性理论引入电力市场，提出了电力市场有效性的概念和有效的特征，从有效性的四个主要推动力即市场、企业、政府和监管方构建电力市场有效性评价的指标体系，分别选取适用的分析方法，从而构建了全面的电力市场有效性的评估模型，并在此基础上对我国电力市场的现状进行了评估，针对我国电力市场的进一步改革和发展提出了建议。赵岩等（2013）从电力公司运营和交易改进事前预判这个角度构建了电力市场自律监管指标体系，从市场结构稳定性、调度公平性、交易合规性、电费结算风险和自律绩效评估 5 个方面选取指标，采用改进逼近理想解排序法（TOP-SIS）进行评估。任泊晓（2017）从我国电力市场面临的风险因素着手，详细分析了供求风险、市场力风险、交易风险、管理风险、规划风险形成的原因，结合绥化地区电力市场的特点，构建风险评估体系，并根据实际数据，结合层次分析法、半定量化风险评价矩阵、模糊综合评价法、灰色聚类法和熵权值法，构建电力市场风险分析和风险评价模型，评估了该地区的电力市场风险等级。他提出了地区电力市场风险评估的思路，介绍了评估流程、指标选择的原则和评估方法，通过风险评估、识别和预警，找出影响较严重的风险源，为地区电力市场风险监管提出建议。周崇东等（2019）对电力市场评估的要点进行分析，提出了涵盖市场结构、市场行为、供需关系、市场交易、清洁能源和市场发展6个方面共16个指标的评估体系，构建基于AHP的模糊综合评估模型。他认为电力市场评估指标的设计和选取要便于量化，而且要充分结合区域电力市场运营的特点。随着市场改革的纵深推进，市场公平性评价维度也逐渐受到学者的重视和关注。由于电量计划形成模式的改变，调度业务的内容也随着转变，因此如何在电力市场条件下评价调度公平性也是电力市场综合评价的重要内容。赵翔宇等（2018）从电力市场调度公平性出发，从安全校核分析、电能服务和辅助服务3个模块构建了多维电力市场调度公平性评价指标体系，建议从标准制定、辅助服务市场、现货市场等内容加强调度公平性评价的研究。赵文猛等（2019）从电力市场公平性、安全性、经济性和环保性4个方面选取定性和定量评估指标，建立了包含14个二级指标和47个三级指标的多维度电力运营规则综合评估指标体系，并采用多层模糊综合评价法，以广东电力市场数据为依托，验证了评估体系和方法的可行性。指标通过企业调查、专家打分和行业标准计算得到，对难以量化的指标值采用层次分析法和专家评分法结合赋权。市场公平性已经成为电力市场评价一个最为重要的维度，市场公平性指标不仅包括原有的市场集中度，市场结构和市场力等指标，还包括市场无歧视指标和市场监管能力指标。市场无歧视指标具体包括交易无歧视、调度无歧视和输配电网络无歧视三个方面；市场监管能力指标分为监管能力和执行能力两个方面。

2. 计量分析方法

关于电力市场评价的计量和统计方法，学者们主要从我国电力市场的市场结构、市场运营和市场交易三个角度着手建立评价指标体系，探究单个维度对市场绩效的影响等。张集等（2006）构建了动态的市场力分层评价指标体系框架。李韩房等（2008）采用计量经济学中时间序列分析方法，从市场交易的角度方面评估电力市场绩效。石雪（2009）以电力市场运营结果为评价导向从可靠性、稳定性、经济性和环保性四个方面选取指标构建电力市场运营规则评价指标体系，并运用模糊综合评价方法进行了验证。

3. 扩展 SCP 范式分析方法

史述红等（2018）在 G – SCP 理论的基础上构建了电力直接交易市场效率评估指标体系，最后将云模型不确定性的分析方法和可拓学物元理论定性与定量的分析方法相结合，建立基于可拓云理论的电力直接交易市场效率综合评估模型。王帮灿等（2019）从市场交易机制的目标出发，从电力市场流动性、稳定性、经济性、发展协调性和公开性为一级指标，建立了电力市场交易机制模糊综合评价模型，并利用该模型对云南电力市场交易机制进行了评价。在交易机制评价中，流动性是交易市场的重要维度。流动性评价不仅包含市场竞争度指标即市场结构、集中度等，还从交易市场的开放程度和完整度着手，将垂直一体化程度，市场主体进入的难易程度作为开放程度的评价指标，多层次交易市场的建立作为市场完整度的评价指标。

4. 其他分析方法

基于电力产品特征视角，电力市场评价方法还可通过计算相应产品指数进行反映。随着各地电力交易市场交易品种的日渐丰富，市场交易日益活跃，贵州和北京交易中心先后提出了构建电力市场综合指数，用于分析电力市场的结构、数量变化等电力市场交易情况。贵州电力交易中心通过对贵州省内13 个重点行业的交易数据进行分析，结合贵州大数据中心收集的产品单耗、单价等信息，基于市场效用评价原理设计了电力交易指数体系，用于反映电力交易动向及具体市场特征。结合现行中长期市场交易的实情，研究提出了以电力交易综合指数为主指数、以行业间接效用指数、电力交易价格指数、交易景气指数、市场活跃度指数为电力交易分支指数的计算原理及方法（王玉萍，2017）。北京电力市场综合指数（京电指数）包括全社会总用电量、市场化放开比例、市场化交易价格、交易品种和放开地区 5 个方面指标，采用京电指数的计算公式对 2016~2017 年电力市场数据进行算例分析和验证，但是交易指数对市场竞争情况和市场外主体的影响的反应还有所欠缺，待进一步完善更准确地分析市场变化特征（史连军等，2019）。省级市场交易指数的构建对于市场数据的挖掘、市场交易的评价提供了新的思路。伴随着统计和测量技术的日趋完善，电力市场评价方法也得到进一步丰富。陈宏等（2018）采用序关系分析法从市场整体状况（包括市场结构、市场供需和市场效率 3 个模块）和发电商行为（包括发电商地位和竞价策略 2 个模块）选取 17 指标并进行赋权，构建市场总体的监管指标评价体系，并通过算例进行了验证。他分析提出序关系分析法可以将各个独立的监管指标结合成为一个整体，实现对电力市场的综合评价。齐世雄等（2019）从市场结构、市场安全性、市场经济性、社会福利和环境友好性 5 个方面构建对电力市场出清方式的综合评价指标体系，采用博弈论确定综合权重从而避免了单一使用层次分析法或熵权法的片面性，改进后的 Page Rank 法考虑不同评价指标之间的作用关系得到转移权重，对综合权重加以修正，从而得到准确可靠的评价结果。

5. 复合指标评价体系方法

评价体系构建日趋向采用复合指标体系的方式，这个方法主要弥补单一维度评价的片面性，从多元化角度反映出电力市场发展态势。周鹏程等（2019）分别从市场交易、市场效率、市场风险和市场效益等方面对电力交易活动的影响等角度出发，构建了科学、全面的双重体制下电力市场运营态势指标体系，并对每个指标进行了详细的阐述。朱文斌等（2019）从发电企业自身的优劣势出发，从理论层面提出了包含市场力、营销力、发展力、可靠性、经济性、灵活性和环保性 7 个方面的电力市场竞争力评价指标和评价内容。杨艳和钟伟（2014）在分析了计划与市场双重体制下电力市场运行特点的基础上，首先提出了电力市场综合评价指标体系设计的思路。他以国网公司已经发布的电力交易指标为基础，从市场交易、市场效率、市场风险及市场效益 4 个维度构建了包含 73 个子指标的评价指标体系，并构建指标筛选模型进行相关影响因素与电力市场运行的量化关联关系研究，提取得到精简指标库，采用网络层次分析法 – 熵权法的组合赋权法及基于灰色关联度改进的 TOPSIS 评价方法，对 3 个典型省份电力市场进行了实证分析。杨艳和钟伟（2014）认为，不同指标在评估电力市场运行时发挥的作用有显著差异：一级指标重要程度排序依次为市场效率指标、市场交易指标、市场效益指标和市场风险指标；二级指标中交易参与度指标最为重要，清洁能源利用次之；三级指标中，参与市场交易频次同比增长率权重最大，电力直接交易平均价差同比增长率、市场交易电量占比次之。

四、评价体系存在的主要问题

本文所讨论的电力市场评价体系的建设在一定程度上保障了我国电力市场的健康发展，但目前我国电力市场评估体系中仍存在如下问题：

（一）市场势力风险预警和识别缺乏有效的衡量标准

《关于进一步深化电子体系改革的若干意见》实施以来，发电市场放开竞争，然而由于我国特有的计划经济体制的延续，以五大发电集团为代表的国有企业仍然在发电市场上占有较大的市场份额。2014 年五大发电集团装机容量以及发电量占比达到了总装机和总电量的 43% 左右，几乎占据了总量的半壁江山。当 HHI 指数超过 1000，CR4 指数大于 0.3 时，行业结构则为一个寡占型市场，[①] 而我国 90% 以上的省份 HHI 指数大于 1000，所有省份的 CR4 指数都大于 0.4，北京、青海、海南三个省份的 CR4 指数甚至为 1。显然目前美国和英国等成熟电力市场对市场势力风险预警和识别的标准对于我国电力市场已不适用，如何结合各省实际状况选择和制定行之有效的指标及其评价标准成为评价体系构建的关键内容。

（二）风险缓解措施缺乏差异性和针对性

我国不同省份电力市场依据其电源、负荷和网架结构的不同而采用了不同的市场模式，各省地方财政具有差异，对于电力行业的发展定位也不同。部分省份对于电力行业国有企业具有非常强的依赖性，这必将严重阻碍电力市场竞争，引发市场风险。因此在市场运营风险的缓解措施方面，需要总结我国各省电力市场的异同点，将通用指标和特定指标进行组合。一方面，通用评价指标可以增加我国各省电力市场可比性，树立可信任的省级市场标杆，起到引领作用；另一方面，结合市场交易品种和模式，量身选取个性化的指标，建立起切合实际能够落地实施的评价指标体系，把市场风险监管落到实处。

（三）电力市场中长期和动态发展指标缺乏

随着我国电力市场改革的持续推进，电力的安全和稳定可持续供应愈发成为我国电力市场的长期目标和重要挑战。而当前我国的电力市场评价研究主要集中在市场效率和市场运营等短期市场评估，而对中长期发展指标研究较少。在欧洲电力市场评价体系中，可持续发展指标早在 2001 年就已经纳入评价体系中，其长期电力市场的评估和分析方面也积累了大量的经验，可以为我国的电力市场中长期评价体系构建提供借鉴。

（四）行政地域限制壁垒对评价体系影响较大

我国一次能源和可再生能源的地域分布不均，总体呈现"西多东少，北

---

① 美国市场势力对 HHI 指数划分的标准，以及美国经济学家贝恩和日本通产省对 CR4 指数的标准。

多南少"的分布格局。然而电力消费又主要集中在东、中和南部地区，因此跨省、跨区域输送电也是我国电力资源配置，保障电力供应的重要方面。然而，各省电力市场发展有着不同的实际情况，面临着电力行业不同发展定位。随着电力交易机制的发展，应关注省间电力市场评价体系和省级电力市场评价的协同发展，做好顶层设计打破省级行政地域限制壁垒，这也是解决电力市场发展不平衡的重要工具。

（五）缺乏监管指标体系自律性特征及顶层设计

目前我国电力市场评价指标体系的研究，主要从市场的效果进行评价，也有部分学者近年来开始从市场的局部绩效如市场结构、市场运营规则、市场效率等进行研究，但从市场主体如发、输、配电公司的角度评价其过去的运行状况还比较少。发、输、配电公司作为电力市场中的重要主体，其自律管理有助于其做好事前防范不合规，约束和调整自身市场交易行为，对市场的发展有着重要的意义。近两年广东、浙江等省在电力市场监管实施办法中，虽然已经提出了建立市场自律工作机制，市场主体应实施市场内部自律管理的要求，但缺乏对自律管理评价的一个顶层设计和指导性意见，也缺乏相应的督察和评估。

五、监管启示

在对我国电力市场评价体系构建进行述评后，为进一步持续推进电力市场改革，稳步提高电力交易市场效率，现阶段我国需要建立科学有效的市场基础结构、绩效评估机制和电力市场与能源清洁化融合机制等，加强政府政策对电力市场的支持与运行监管。因此，我国电力市场监管可以基于国内实际情况，考虑到电力市场主体差异与交易方式不同的基础上，积极借鉴外国电力市场构建的有益经验，促进我国电力市场有序运行和公平规范。

（一）统筹兼顾，设计优化电力市场的顶层设计

优化和设计电力市场的顶层设计，科学规划不同类型电力产品交易规则，实现多品种电力产品的互补性，发挥市场的配置作用，通过发现跨区域、省域的电网输配价格机制，实现电力市场中"网"的稳定性。规范交易机构的市场化运作模式，形成适应新型电力交易市场，推进电力市场的源网荷储一体化。具体而言，在电力需求侧的管理方面，实施精准、快速的需求响应管

理，实现电力高效利用；完善电力市场的峰谷电价机制，改善工业和居民用电户的用电习惯；清理转供电环节，降低企业用电成本。在电力供给侧的管理方面，大力发展新能源电源品类，运用市场化手段促进煤电企业转型，并在保证全社会的普遍服务方面，提供一定的专项资金和政策进行扶持，降低市场化改革转型的系统风险。

（二）厘清政府与市场界限，提高市场活力

首先，电力市场有序运行离不开电力市场自由竞争与政府主导宏观调控的结合，尤其是规则设计时，政府宏观调控手段不应纳入市场行为，如可再生能源配额制作为保护可再生能源的强制性政策手段，本身不属于市场出清机制的范围，而应在政府提供的保护市场内各类可再生能源同台竞争。从这个层面看，在规则设计时应厘清两大环节的界限。其次，电力市场运营应确保竞争程度，推动多种类型储能参与市场，降低准入门槛，为电力直接交易提供充分竞争的市场环境。我国电力市场存在国有大型发电集团拥有较大市场份额市场的情况，为促进电力市场主体间充分竞争，应扩大市场参与主体范围，进一步优化市场集中度。例如，伴随政府政策向新能源企业参与电力市场的倾斜，对节能等领域企业参与电力交易给予政策或资金扶持，可再生能源利用与发展态势良好，既显著弱化电力市场大型企业的市场势力，又利于电力市场绿色发展。最后，政府应建立电力市场不正当竞争的防范机制和交易信用体系。实时监控电力市场异常交易监测，常态化电力市场交易监督检查，严格打击大型发电集团滥用市场力、寡头串谋、暴力定价等不正当市场竞争行为，促进社会总福利提高和优化资源配置，规范电力市场交易主体行为，严厉打击传播虚假信息或操纵市场的违规行为，保障电力市场公平规范运行。

（三）完善价格形成与信息共享的交易机制

政府宏观调控对电价与市场机制的运行具有重要影响。中国电力市场建设过程中，市场设计以供大于求作为出发点，政府过多的价格交叉补贴导致电价有失公允。因此，政府应尊重电力市场供需规律，完善竞价机制与输配电价机制，以使价格真实反映资源稀缺性和真实成本，构建能应对供大于求导致价格上涨的电价机制，根本还原电价在供需双方间的双向调解作用，使价格形成过程更为科学合理；除此之外，政府完善价格生成机制可促进可再生能源市场发展，通过价格机制引导可再生能源发电的市场需求，进而建立分类互补的电力市场，促进可再生能源市场化改革。同样地，电力交易市场

中信息利用程度对交易参与主体行为有较大影响，因此政府应提高电力市场交易信息实时检测能力，完善电力产能、价格波动与市场需求变动趋势等数据库，利用大数据技术提供信息交互平台，使电力市场多元主体能及时充分把握市场交易信息，破除行业内"信息壁垒"，也有助于完善电力市场交易风险预警体系。

（四）提高监管部门监管能力，完备监管体系

新一轮电力市场化改革中，完善电力市场监管体系可以从以下两个方面入手：一是提高监管部门的监管能力，包括完善电力市场法律体系、探索激励性监管及监管队伍建设等。只有依据市场变化尽快修订相关电力法律，明确政府、输配电企业、电网企业、用户等多元主体在我国电力市场中的权责分配，完善市场准入退出机制、评价体系、交易规则，才能保障法律实施效力，便于高效监管。政府创新探索运用浮动价格模型，设定合理的价格波动区间，使电力市场主体既根据利益最大化进行行为决策，又利于政府得到其真实成本信息，进而实现激励相容。电力市场监管机制构建应保留监管机构的独立性，确保负责制定市场运营规则与监管的机构相分离，做到相互独立又彼此协同作用。二是融合信息技术完善市场风险防范机制，为提高监管效率，电力市场监管机构需引入更为创新的大数据技术，为监管报告及时提供包括计量、统计整合及结算等数据信息，通过对相关数据的收集与储存，形成统一的电力市场信息数据体系，有利于迫使电网企业披露真实成本信息，进而提高电力市场整体透明度和运行效率。同时，监管信息化程度高，能有效识别并防范市场势力扰乱市场行为以维护市场秩序。例如政府可以出台电力市场竞争规则，识别利用市场份额进行串谋等行为，予以警告及经济处罚等。

（五）设置可再生能源参与电力市场的地区约束性指标

电力市场发展对环境的负外部性是政府监管的重要一环，科学分配可再生能源与常规能源发电比例，根据省际间可再生能源的地域差异、原有能源结构、用户需求情况等特性配置可再生能源消纳指标。但目前我国电力市场改革进程中，一味注重高强度消纳政策，将会阻碍电力市场改革。针对部分环保压力较低区域，可相应配合低强度政府监管，减少用电主体，促进经济可持续发展；环保压力较高的省份，政府应采取高强度环境监管，以长期促进可再生能源发展。除此之外，还应提高各地可再生能源的消纳能力，例如

建设跨区域互联电网提高电力传输功率，化解区域性供需双方，构建稳定的现代化互联电网。同时，大力发展清洁电力是电力市场低碳化转型的主要途径，政府鼓励使用清洁能源发电，减少化石能源使用与脱硫脱硝，积极发展太阳能、风能等可再生能源及减排技术，为我国实现碳中和、碳达峰目标提供绿色能源动力。

参考文献

［1］陈飞，刘军，张阳阳．电力市场建设的目标、约束与评价标准［J］．价格理论与实践，2017（12）：38－43.

［2］陈宏，谢国荣，王迟．基于序关系分析法的电力市场监管指标体系评价［J］．计算机与数字工程，2018，46（5）：941－944，1006.

［3］初保驹，朱少林．新电改背景下阶梯分时电价模型优化研究［J］．价格理论与实践，2020（2）：43－46，174.

［4］崔和瑞，杨丽．我国电力市场有效性分析及其评估模型研究［J］．电力学报，2011，26（5）：399－405.

［5］段耀辉．山西电力批发市场用户在现货模式下结算主要影响因素分析［J］．商讯，2019（20）：26，28.

［6］郭磊，魏玢，夏清，庄彦，马莉．我国电力市场评价指标体系框架探讨［J］．电力技术经济，2008（3）：29－34.

［7］何永秀．电力综合评价方法及应用［M］．北京：中国电力出版社，2011.

［8］贾俊国，石雪．中国电力市场建设标准方案研究［J］．改革与战略，2009，25（5）：48－50.

［9］李韩房，谭忠富，栾凤奎．区域电力市场影响要素分析及市场绩效评估模型［J］．电力自动化设备，2008（3）：31－35.

［10］李涛，王盛煜．基于灰色关联度和模糊综合评价法的我国电力市场交易评价体系研究［J］．工业技术经济，2018，37（9）：130－137.

［11］刘敦楠，陈雪青，何光宇，周双喜．电力市场评价指标体系的原理和构建方法［J］．电力系统自动化，2005（23）：2－7，14.

［12］刘敦楠，李瑞庆，陈雪青，何光宇，周双喜．电力市场监管指标及市场评价体系［J］．电力系统自动化，2004（9）：16－21.

［13］刘鸿飞．省级电力交易市场运营管理评价研究［D］．华北电力大学，2018.

［14］刘翊枫，鲁莽，杨先贵，胡广，颜炯，曾鹏骁．关于构建湖北电力市场评价体系的研究与探讨［C］//第三届智能电网会议论文集，2018：323－328.

［15］齐世雄，王秀丽，张炜，吴雄，王高琴，史新红．基于博弈论和改进PageRank的电

力市场出清方式评价方法 [J]. 电力建设, 2019, 40 (5): 107 – 117.

[16] 任泊晓. 供电企业电力营销竞争力及提升策略 [J]. 通讯世界, 2017 (16): 118.

[17] 史连军, 庞博, 刘敦楠, 秦光宇, 李国栋, 张潜. 新电改下北京电力交易中心电力
市场综合指数的交易分析 [J]. 电力系统自动化, 2019, 43 (6): 163 – 170.

[18] 史普鑫, 史沛然, 王佩雯, 汪洋, 陈树楠. 华北区域电力调峰辅助服务市场分析与
运行评估 [J]. 电力系统自动化, 2021, 45 (20): 175 – 184.

[19] 史述红, 王蕾, 张倩, 刘敦楠, 杨婷, 刘振华. 电力直接交易市场效率综合评估研
究——基于可拓云理论的分析 [J]. 价格理论与实践, 2018 (6): 146 – 150.

[20] 王帮灿, 张茂林, 徐俊杰, 徐云, 应黎明, 崔雪, 黄宋波. 电力市场交易机制综合
评价模型研究 [J]. 云南电力技术, 2019, 47 (1): 80 – 84, 88.

[21] 王鹏, 张朋宇, 高亚静, 徐靖雯, 孙华凯. 监管视角下的电力市场用户分类指标体
系及算法研究 [J]. 中国电力, 2018, 51 (12): 139 – 148.

[22] 王钦, 文福拴, 刘敏, 易俗. 基于模糊集理论和层次分析法的电力市场综合评价
[J]. 电力系统自动化, 2009, 33 (7): 32 – 37.

[23] 王玉萍. 贵州电力市场化改革试点的实践与思考 [J]. 中国电力企业管理, 2017
(25): 60 – 62.

[24] 文福拴, 王钦, 刘敏, 易俗. 欧洲电力市场评价体系 [J]. 电力系统及其自动化学
报, 2009, 21 (3): 23 – 31.

[25] 杨艳, 钟伟. 我国电力行业的价格管制与改革 [J]. 中国市场, 2014 (46): 30 – 32.

[26] 张集, 张粒子, 程瑜, 于亮. 基于 SCP 和模糊算法的市场力警戒级别评估 [J]. 电
力系统自动化, 2006 (16): 15 – 20.

[27] 赵文猛, 周保荣, 黎小林, 张元, 王鹏. 电力市场综合评估指标体系及评价方法
[J]. 南方电网技术, 2019, 13 (8): 74 – 80.

[28] 赵翔宇, 安成, 姚刚, 贺先强. 我国电力市场改革的调度公平性评价指标体系研究
[J]. 电力大数据, 2018, 21 (3): 44 – 50.

[29] 赵岩, 刘继春, 杨威, 林波, 刘俊勇. 电力市场自律监管指标体系构建及其综合评
价 [J]. 电力系统及其自动化学报, 2013, 25 (5): 26 – 30.

[30] 周崇东, 杨怡静, 王帮灿, 张加贝, 赵燃, 戴晓娟, 龚昭宇. 电力市场评估指标体
系设计及应用——基于模糊层次分析法对云南电力市场的综合评价 [J]. 价格理论
与实践, 2019 (7): 112 – 115.

[31] 周鹏程, 吴南南, 王晟嫣, 曾鸣. 基于关联关系的配电网投入产出效益评价体系设
计 [J]. 四川电力技术, 2019, 42 (3): 6 – 12.

[32] 朱文斌, 李忆, 周保中, 乐鹰. 发电企业电力市场竞争力评价指标体系设计 [J].
价值工程, 2019, 38 (31): 257 – 259.

数字经济与绿色发展现状、问题与监管对策

李　颖　王春茹[*]

摘　要　改革开放 40 多年来，我国经济建设取得了巨大成就，建党 100 周年大会上习近平总书记宣布我国全面进入了小康社会。为了满足人民美好生活的需要和我国在世界规则体系的话语权的提升，绿色发展是中国发展的必然选择。"十四五"规划明确提出，要推动数字经济的重点产业，加强数字技术创新应用，打造数字经济新优势。本文从数字经济和绿色发展的概念与发展现状出发，结合我国绿色发展存在的问题，以"数字乡村""蚂蚁森林"等为例，分析各行各业对绿色发展的推动作用。笔者认为政府应该重视对数字技术在绿色创新和市场竞争方面的监管，鼓励数字技术赋能产业结构转变，同时不能盲目扶持，还要兼顾绿色产业标准的完善，乘势待时方能事半功倍。

关键词　数字经济　绿色发展　产业赋能

目前，我国社会主要矛盾从人民日益增长的物质文化需要同落后的社会生产之间的矛盾转变为人民日益增长的美好生活需要和不平衡不充分的发展之间的矛盾，生活水平有了质的飞跃。但是，经济的高速增长却产生了"高污染、高排放、高能耗"的问题。2009～2019 年，中国的碳排放量年均增长率为 2.4%，高于全球年均增长率 1.4%，2020 年全球碳排放年增长率为 -6.3%，[①] 中国的年增长率虽然涨幅不大，但却是少有的增长率为正的国家之一。由此可见，中国的绿色发展道路仍然道阻且长。绿色发展是中国发展必须突破的发展"瓶颈"，是满足人民美好生活的需要必须要攻克的难题，也

---

* 李颖，天津商业大学经济学院讲师；王春茹，天津商业大学经济学院硕士研究生。
① 《BP 世界能源统计年鉴（2021）》。

是中国彰显大国担当的必然选择。

在第七十五届联合国大会一般性辩论上，我国明确采取更加强有力的政策和措施，力争于 2030 年前实现碳峰值，力争于 2060 年前实现碳中和。为了完成目标，中国应该抛弃靠引入外资、牺牲国内环境换取经济增长、外需拉动凭借廉价劳动力低价多销的粗放增长方式。那么，如何才能实现绿色发展？数字经济的发展为中国的绿色发展提供了可行路径。

以往学者多从数字经济对绿色发展的作用路径或通过建立指标体系来评价数字经济对绿色发展的作用力度。本文在分析我国绿色发展的现状与制约之后，主要通过"滴滴打车""蚂蚁森林"等众多案例分析数字经济对绿色发展的推动作用，深挖数字经济除创造经济利润背后的绿色发展意义。

一、概念综述

（一）绿色发展的概念与述评

1997 年，党的十五大明确提出要正确处理经济发展同人口、资源、环境的关系，这开启了中国的绿色发展之路。21 世纪初，中国政府积极响应由联合国计划开发署发表的《中国人类发展报告：绿色发展，必选之路》，这是中国探索绿色发展的路径。2012 年 12 月，党的十八大提出了大力推进生态文明建设的总体要求。2015 年 10 月，党的十八届五中全会提出创新、协调、绿色、开放、共享的发展理念。党的十八大报告指出要着力推进绿色发展、循环发展、低碳发展，形成节约资源和保护环境的空间格局、产业结构、生产方式、生活方式，为中国实现绿色发展指明了目标和实现方式。2020 年，"绿色发展，促进人与自然和谐共生"被写入"十四五"规划的篇章，强调加快发展方式绿色转型。

关于绿色发展的概念与内涵，胡鞍钢和周绍杰（2014）认为，绿色发展是第二代可持续发展观，绿色发展的基础是绿色经济增长模式，通过绿色科技、绿色金融带动环境友好型产业兴起，以实现低污染、低能耗的目标。蒋南平和向仁康（2013）推翻了之前国内绿色发展的实质，认为仅仅强调"节约能源资源，保护生态环境"是不行的。保护环境与实现经济增长是矛盾的，这在西方国家的发展实践中得到佐证。绿色发展的内涵是"合理利用资源能源，适度发展经济社会，互相平衡损害补偿，人与自然和谐相处"。关于绿色发展的实现路径，李萌和李学锋（2013）认为，中国城市时代走绿色发展道路要把重点放在真正树立起绿色发展的理念；构建绿色体系，发展绿色制造业、绿色产业、绿色服务业；形成绿色消费模式，加强市场建设和绿色科技创新；实行绿色改革和政策支持体系，推行绿色价格改革、建立市场化的减排机制、建立污染者付费的制度等。

（二）数字经济的相关概念

数字经济是指以数据为关键要素，以互联网平台为载体，以数字技术为驱动力量，将数字技术与实体经济深度融合，通过大数据快速筛选与匹配解决信息不对称问题，以实现资源优化配置、提升生产效率和调整经济结构。

关于数字经济的定义，布克特和希克斯（Bukht & Heeks, 2017）认为数字经济是边界模糊的，但不是所有基于数字技术的经济活动都是数字经济。"数字化经济"是将数据从模拟形式转换为数字形式，数字经济定义为"完全或主要来自数字技术的经济产出的一部分，其商业模式基于数字商品或服务"。关于数字经济的发展趋势，何枭吟（2013）认为，数字经济的发展孕育着新的消费模式；突破传统的规模经济的生产模式，催生出新的生产模式；突破生产要素、商品仅跨国界流动在空间上的局限性；优化全球产业结构，推动全球服务业更加智能化、信息化、知识化。但是数字经济的发展将会导致数据资源分布不均衡，带来严峻的数字鸿沟问题。国外学者金、巴鲁阿和温斯顿（Kim, Barua & Whinston, 2002）认为数字经济是一种特殊的新经济形态，数字产品和传统产品在定价、流通等方面存在不同，但是竞争激烈的数字市场的结果接近于科斯猜想中有效的市场平衡。

（三）数字经济与绿色发展的关系

李可愚（2021）认为数字经济与绿色发展相辅相成，数字经济为绿色发展的产业赋能，推进绿色发展进程；绿色发展是国内发展趋势，为数字经济的创新指明了方向。蒋金荷（2021）认为，基于数字经济本身存在能源消耗和"绿色盲区"问题，环境外部性和技术经济创新的思想，数字经济的绿色转型是必然选择。邬彩霞和高媛（2020）通过构建绿色发展的综合指标体系和数字经济发展评价指标体系，实证分析得出数字经济对绿色发展有明显的驱动效应。程文先和钱学锋（2021）通过对数字经济与绿色全要素生产率的非线性特征分析得出，数字经济对中国工业全要素生产率有显著的提升作用，数字经济不仅可以为传统产业赋能，还具有绿色价值。

二、中国数字经济与绿色发展的现状

（一）数字经济的现状

数字经济为经济增长提供关键支撑。如图1所示，数字经济规模在疫情中逆势崛起，经济全球化"逆风向"的大背景，叠加疫情因素为数字经济带来更具挑战的发展机遇与发展环境。我国数字经济延续着蓬勃发展的态势，规模从2015年的22.6万亿元发展到2020年的39.2万亿元，现在已成为国内最具活力、创新力、辐射最广的新经济形态。

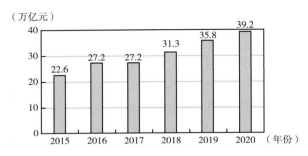

图1　2015～2020年我国数字经济规模

资料来源：中国信息通讯研究院。

数字经济缓解经济下行的压力，为经济维稳提供动力。由图2可以看出，2020年，全球经济增长乏力甚至出现了大幅衰退的迹象，但是我国的数字经济依然保持9.7%的增速，远高于同期名义GDP增速约6.7个百分点，数字经济对疫情防控和经济增长发挥了重要作用。

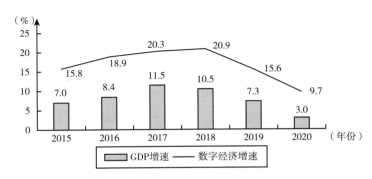

图2　2015～2020年我国数字经济增速与GDP增速

资料来源：中国信息通讯研究院。

　　数字经济对国民经济的贡献水平显著提升。如图3所示，我国数字经济占 GDP 的比重从 2015 年的 27.0% 提升为 2020 年的 38.6%，数字经济在国民经济中的地位愈发明显。

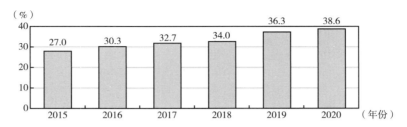

图3　2015～2020 年我国数字经济占 GDP 比重

资料来源：中国信息通讯研究院。

　　我国不断推进产业数字化发展。由图4可以看出，数字经济在第一、第二、第三产业的渗透率不断提高。2016 年我国数字经济占第一产业、第二产业、第三产业增加值的比重分别为 6.2%、16.8%、29.6%，到 2020 年以上比例分别提高至 8.9%、21.0%、40.7%。数字经济借助大数据、工业物联网技术等催生出在线教育、绿色生产、数字农业等产业，为产业数字化转型提速。

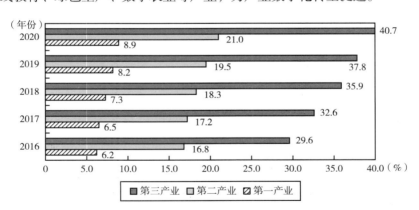

图4　2016～2020 年我国数字经济渗透率

资料来源：中国信息通讯研究院。

（二）绿色发展存在的制约

1. 产业布局不合理，能源消费较高

　　根据《中国统计年鉴（2021）》，如图5所示，我国第一产业的生产总值从 2015 年的 8.37 万亿元减少到 2019 年的 7.35 万亿元；第一产业的 GDP 占

比从 2015 年的 8.37% 降到 2019 年的 7.46%。第二产业的生产总值从 2015 年的 26.96 万亿元增加到 2019 年的 38.25 万亿元；2015～2019 年第二产业的 GDP 占比平均约为 39.86%。以 2017 年为例，2017 年世界第二产业的平均占比约 25.4%，高收入国家第二产业占比约 22.9%，中等收入国家约 31%，而同期中国第二产业占比高达约 40.03%，相比之下，我国的第二产业比重明显偏高。此外，中国的服务业占比不足 55%，高收入国家的服务业占比高于 70%，世界平均水平也接近 70%。服务业附加值高、耗能低，我国的服务业占比与 GDP 贡献比例不成正比，是中国经济发展的"短板"。

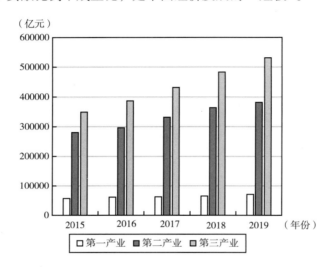

图 5   2015～2019 年我国三次产业产值

资料来源：《中国统计年鉴（2021）》。

第二产业发展带动的高耗能、高排放资源的使用也随之增加，根据历年《世界能源统计年鉴》，2009～2019 年，中国的石油消费量年均增长率为 5.3%，远高于全球平均年增长率 1.4%。2009～2019 年，中国的煤炭消费量年均增长率为 1.5%，全球年均增长率为 0.9%。2020 年，在新冠肺炎疫情背景之下，全球经济衰退，仅有中国的石油消费年均增长率为正数，中国的煤炭消费量更是占据全球煤炭消耗的 54.3%。第二产业主要是采矿业、建筑业、制造业、电力、水电、燃气等，这些行业具有高耗能、高污染、高排放的特点，第二产业占比较大无疑对生态环境产生了巨大压力。

2. 经济发展方式粗放，资源利用率不高

改革开放以来，中国的经济增长过度依赖外需，外资来华投资设厂掀起工业投资热潮，导致了中国被动形成以资源能源消耗为主的粗放型发展方式。

根据《世界发展指标》，如图 6 所示，世界平均能源使用增长约为 2.1%，中等收入国家能源使用增长约为 2.7%，高收入国家能源使用增长仅为 0.9%，中国的能源使用增长高达 6.1%。同时，根据世界银行数据库显示，2014 年中国每千美元 GDP 的能源使用量为 187.7 千克石油当量，世界平均每千美元 GDP 能源使用量为 121.3 千克石油当量，中等收入国家的每千美元 GDP 能源使用量为 139.5 千克石油当量，高收入国家每千美元 GDP 的能源使用量仅为 102.3 千克石油当量。很明显，中国的能源使用量和中国的能源使用增长率远高于世界平均水平，这说明中国的资源使用存在利用率不高或者能耗过度的问题。

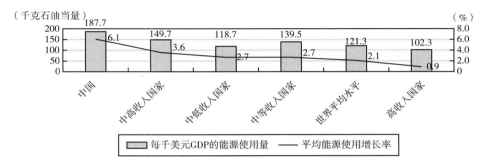

图 6　2014 年能源使用对比

资料来源：《世界能源年鉴（2021）》。

资源能耗过度必然带来废弃物和二氧化碳的高排放。中国的人均二氧化碳排放量（人均公吨数）为 0.6 吨，是世界平均二氧化碳排放量的 2 倍。根据《世界能源年鉴（2021）》，中国的水电消费量占世界水电消费量比重的 30.8%，中国的煤炭消耗量占世界消耗总量的 54.3%。内生原因是经济发展的技术含量低，造成资源利用效率不高；重污染产业占 GDP 的比重仍然过高，服务业占 GDP 比重不够大。外生原因是绿色发展意识有待提高，高污染排放的监管力度有待加强（许宪春，2010）。

三、数字经济在绿色发展中的作用

我国第二产业占比与其本身对 GDP 的贡献不成正比，产业结构应该予以调整。我国绿色产业起步较晚，发展缓慢，要想彻底由粗放式发展模式转型为技术密集型的发展结构，需要将绿色理念与产业体系融合，形成集绿色农业、绿色工业、绿色服务业为一体的创新型现代产业体系（秦书生和胡楠，2017）。调整产业比例，完善健全供绿色产品流通的市场，建立生态农业圈，打造绿色工业链，发展新能源产业，加大低碳技术、循环经济、节能环保等技术的研发力度，加速服务业的比例的提高。

（一）数字经济赋能农业

我国很多乡村有着得天独厚的文化底蕴和自然条件，年轻人却背井离乡投入工业化生产，那么通过数字技术与农业融合为农业发展、为乡村发展注入活力，为乡村留下建设的力量。通过互联网营销宣传乡村风景、吸引游客并带动相关产业的发展；通过 AI 技术体验乡土文化、利用大数据发展数字农业等。

通过建立作物生长模型预测生产量，将农业生产过程数字化，进行许多传统农业试验无法进行的研究，更大范围地推广与应用研究成果；通过农业产业结构化，使农业产前、产中、产后的规划更合理；利用农业市场监测分析技术，农产品的生产随农业市场的变动而灵活调整；利用 3S 技术，即 GPS 技术、GIS 技术、RS 技术对农业资源（土壤、耕地面积、温度、洪涝、虫害等）进行探测评价和动态监控，做出合理的农业生产决策（王利民等，2018）。农业绿色发展是全新发展理念，通过数字技术系统掌握水、土、气、肥、药、废弃物等农业要素规律，可以突破传统农业单纯追求产量增长、依赖资源消耗的发展模式，实现绿色供给、生态清洁等可持续发展目标（宋茜等，2020）。

（二）数字经济赋能工业

以制造业来举例，通过将温度、振动和监控等传感器嵌入工厂的机器中，收集能表明机器状况的特征数据，将捕获的数据集中传输到具备数据分析能力的工业云平台，实时聚合和处理这些数据，减少停机时间，帮助企业优化生产决策，降低财务成本。[①] 物联网技术通过各类传感器将自然界与人连接起来，企业能够在掌握机器运行的各类数据的同时，实时掌控机器的能耗与浪费情况。比如在苹果企业披露的碳足迹中，产品生产过程中的碳排放最多，占比 76%；其次是产品使用和产品运输中的碳排放，分别占 14% 和 5%。运用人工智能技术，根据企业当前的运行状况、减排技术和需求，预测未来的碳排放量，帮助企业更加准确地制定、调整和实现碳排放目标。[②]

---

① 广州虹科电子. 工业物联网｜智慧工厂转型——实际案例 5 则（上篇）［EB/OL］. https：// www. bilibili. com/read/cv7317037/.

② 彭昭. 2021 超强风口，物联网成为实现"碳中和"的关键［EB/OL］. https：// www. cmtzz. cn/news/45871.

（三）数字经济赋能服务业

阿里借助数字技术开发出绿色平台，提供绿色产品，如"蚂蚁森林"。"蚂蚁森林"是消费者在线下消费即可支付宝获取虚拟能量，积累能量达一定数值就可以在真实的荒漠里种下"虚拟"树种。截至 2020 年 8 月，蚂蚁生态已有5.5 亿用户，累计在荒漠地区种下超过 2 亿棵树，新增绿化面积相当于 2.5 个新加坡，碳减排累计超过 1200 万吨，重量相当于 200 艘辽宁舰。这些年，蚂蚁森林"种下"的树木，让不少寸草不生、荒无人烟的沙漠成了绿洲，如今植被覆盖率越来越高，有了生机。这项工程为沙漠地区人民带去了就业机会，绿化覆盖带来的生态环境的根本好转惠及周边人民及世代子孙，使北京等地区逐渐免受沙尘暴侵扰。"蚂蚁森林"这类绿色产品使大众在绿色消费中获得参与感与获得感，培养了消费者的绿色消费理念，使绿色发展意识深入人心。

根据《中国统计年鉴（2021）》，2020 年研究生入学人数约为 110.6 万人，假设单趟出行（不考虑调剂情况），往返面试就是 221.2 万人口流动，借助腾讯会议、钉钉 App 等，学校对学生进行线上面试避免了大笔资源和能源消耗。随着数字经济的发展，疫情期间员工通过线上办公即可为企业增效，在创造庞大GDP 的同时，减少了人员流动和出行的能耗。同时无纸化办公，以数字形式替代纸质文件，增强了企业的环保意识，也避免了企业行政效率低下时的浪费。

（四）数字经济赋能公共平台建设

数字经济通过互联网平台为政府提供数字化治理方式。疫情期间，大数据行程卡、健康码等数据平台帮助政府了解跨地区流动人员的信息，做好防疫工作。中国人口基数大，人口流动频繁，大数据平台实时更新流动人员的信息，为政府节省了不菲的跨地区追查流感人员踪迹的成本，避免了这中间烦琐流程造成的巨额能耗。数字经济帮助政府利用微信公众号、手机 App、网站浏览器等发布天气、大气污染、水污染、金属污染检测报告等信息，保证信息透明度，帮助群众了解环境生态相关信息。群众还可以在 12369 全国网络举报平台及时举报对环境造成污染的违法行为，提高群众的生态环境监督意识（夏勇等，2019）。

政府还可以借助数字技术建立网上服务平台，实现电子政务的办理。"一网通办""掌上办""跨地可办"逐渐成为政府服务的标配，这便利了人民群众的生活，也获得了人们的好感与满意度。根据《联合国电子政务调查报告（2021）》，如图 7 所示，我国的电子政务排名从 2010 年的第 72 位升至 2020

年的第 45 位。很明显，数字政府的建设节省了人们办理业务出行造成的能源和资源消耗，数字经济毫无疑问推动了中国的绿色发展。

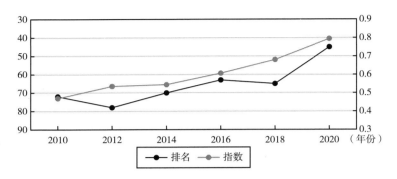

图 7　2010～2020 年我国电子政务发展指数及排名变化情况

资料来源：《联合国电子政务调查报告（2021）》。

（五）数字经济赋能交通行业——以"智慧交通"和"滴滴打车"为例

借助物联网感知交通基础设施、交通工具；利用大数据充分分析、盘活现有交通数据；通过云计算为各类交通信息数据的储存提供新模式，建立"交通云"打破"信息孤岛"，彻底实现信息资源共享，系统互联互通；通过移动互联网实时在各种运输方式之间传输和交换交通信息数据，从而达到各种运输方式的合理布局、协调与运行。"智慧交通"有效缓解了交通堵塞问题、改善停车体验，并且为将来的无人驾驶奠定基础，减少了庞大的能源和资源消耗，有力地推动了中国的绿色发展。

"滴滴出行"通过大数据解决了乘客与司机之间的信息不对称问题，帮助乘客匹配到最近的司机，减少乘客等待的时间与出行费用；帮助司机规划出最优路线，有效缓解拥堵。其"顺风车业务"明显提高私人汽车的使用效率，私家车出行途中可以顺路搭载其他乘客，提高自己收入的同时，实现"一次出行，多人抵达"，减少油耗与尾气排放，还一定程度地缓解了停车困难的城市问题（许宪春等，2019）。

四、结论与建议

（一）培养绿色发展意识，鼓励绿色技术创新

意识是行为的驱动，当绿色发展意识薄弱，消费者对绿色产品的偏好不

明显，这决定绿色产品的产量减少，市场机制影响着生产者的判断，生产者为了获取利益往往会做出不太明智的决策，就会形成恶性循环。因此，培养绿色发展意识是必要的。当消费者对绿色产品的需求强烈，生产者对绿色产品的研发需求强烈，政府同时鼓励绿色发展，对绿色产品予以减税、完善绿色发展相关法律、建立严厉的绿色监管体系、为绿色创新的企业给予财政或者政策补贴，国内的绿色创新将会是一片繁荣景象。正是因为政府为新能源汽车提供了绿色创新的沃土，才会有比亚迪汉 EV、小鹏 P7、蔚来 ES8 这类真正意义上的电动车的发布。

（二）鼓励市场竞争，完善绿色产业标准

根据波特的国家竞争优势理论，国家应该鼓励竞争，当国内创新竞争激烈，优胜劣汰的规则将会不断提高国内的绿色科技创新水平，整个社会势必会形成绿色发展的良性循环。注重对绿色发展幼稚产业的保护，但正如李斯特的幼稚工业保护论对幼稚产业有着明确的 M-B-K 标准，优惠政策应该是合理有度有标准的，对不符合标准的企业予以剔除，才能避免资源的浪费。2012 年政府为鼓励新能源汽车，给予每个项目 10 亿~20 亿元的补贴，2013 年更是给出了购车补贴、免购置税、新能源牌照等多项政策优惠，许多企业为了获取补贴而弄虚作假，一定程度阻碍了中国新能源行业的发展。

（三）发展数字经济，加快产业结构转变

数字经济为农业、工业、服务业等各行各业赋能，使数字技术与传统产业深度融合，增加产值的同时，实现可持续发展的目标。"十四五"规划明确提出，要推动数字经济的重点产业如人工智能、云计算、大数据、物联网、区块链、工业物联网的发展，加快发展数字产业化，推动产业数字化转型，加强数字技术创新应用，打造数字经济新优势（佚名，2021）。通过数字技术的融合，加快产业结构比例的调整，使产业分布与 GDP 贡献率相适应。

参考文献

［1］程文先，钱学锋. 数字经济与中国工业绿色全要素生产率增长［J］. 经济问题探索，2021（8）：124－140.

［2］何枭吟. 数字经济发展趋势及我国的战略抉择［J］. 现代经济探讨，2013（3）：39－43.

［3］ 胡鞍钢，周绍杰．绿色发展：功能界定、机制分析与发展战略［J］．中国人口·资源与环境，2014，24（1）：14 – 20.

［4］ 蒋金荷．可持续数字时代：数字经济与绿色经济高质量融合发展［J］．企业经济，2021，40（7）：23 – 30，161.

［5］ 蒋南平，向仁康．中国经济绿色发展的若干问题［J］．当代经济研究，2013（2）：50 – 54.

［6］ 李可愚．中国人民大学重阳金融研究院执行院长王文：数字经济的蓬勃创新为绿色发展赋能［N］．现代物流报，2021 – 09 – 15（002）.

［7］ 李萌，李学锋．中国城市时代的绿色发展转型战略研究［J］．社会主义研究，2013（1）：54 – 59.

［8］ 秦书生，胡楠．中国绿色发展理念的理论意蕴与实践路径［J］．东北大学学报（社会科学版），2017，19（6）：631 – 636.

［9］ 宋茜，杨鹏，钱建平，史云，张保辉，余强毅，段玉林，吴文斌．农业绿色发展数字技术体系内涵及其架构探讨［J］．中国农业信息，2020，32（5）：38 – 48.

［10］ 王利民，刘佳，杨玲波，杨福刚．中国数字农业的基本理念与建设内容设计［J］．中国农业信息，2018，30（6）：71 – 81.

［11］ 邬彩霞，高媛．数字经济驱动低碳产业发展的机制与效应研究［J］．贵州社会科学，2020（11）：155 – 161.

［12］ 夏勇，刘磊，周梦天．数字经济引领绿色发展新路径［N］．浙江日报，2019 – 04 – 10（10）.

［13］ 许宪春，任雪，常子豪．大数据与绿色发展［J］．中国工业经济，2019（4）：5 – 22.

［14］ 许宪春．绿色经济发展与绿色经济核算［J］．统计与信息论坛，2010，25（11）：20 – 23.

［15］ 佚名．《中华人民共和国国民经济和社会发展第十四个五年规划和 2035 年远景目标纲要》表决通过［J］．城市规划通讯，2021（6）：1.

［16］ Bukht R. , Heeks R. Defining, conceptualising and measuring the digital economy［R］. Development Informatics Working Paper, 2017（68）.

［17］ Kim B. , Barua A. , Whinston A. B. Virtual field experiments for a digital economy: a new research methodology for exploring an information economy［J］. Decision Support Systems, 2002, 32（3）：215 – 231.